KB166909

죽을 것 같은 오늘
니체를 만났다

죽을 것 같은 오늘
니체를 만났다

프리드리히 니체
이삼수 엮음

홍익피앤씨

니체, 불꽃처럼 살다 불꽃처럼 죽다

긍정의 눈으로 삶을 바라보았던 니체의 철학과 삶

현대의 가장 위대한 사상가 중 한 사람으로 손꼽히는 프리드리히 빌헬름 니체 Friedrich Wilhelm Nietzsche 는 1844년 10월, 당시 프로이센공화국이었던 독일 작센 지방의 소도시인 뢰켄에서 목사의 아들로 태어났다.

평생을 근대 철학사상의 바탕에 있는 개념들을 새롭게 규명하고 정립하는 데 바친 니체는 그가 살았던 시대는 물론이고 오늘날까지도 신학, 철학, 심리학, 문학 등 다양한 분야에 큰 영향을 끼치고 있다.

그는 1800년대 후반까지 유럽 사회를 지배하고 있던 기독교적 윤리관에 강력히 저항하며 현재를 살게 하는 진리와 선이 그 어떤 가치관보다 더 중요하다고 외치며 '신은 죽었다!'고 규정함으로써 세상을 발칵 뒤집어 놓았다.

니체는 인문적 입장에서 삶의 철학을 설명하려고 노력한 사상가였다. 그러한 결과물들은 삶의 본질을 꿰뚫는 통찰력을 담아 글로 남겼고, 그것들은 그가 남긴 수많은 저서들 속에서 보석처럼 반짝이고 있다.

독일 본 Bonn 대학교에서 신학과 고전문학을 공부한 니체는 이후 라이프치히 대학교로 옮겨 아르투르 쇼펜하우어 Arthur Schopenhauer 를 만나 그의 철학사상에 심취하고, 세상을 억압하는 온갖 권위에 저항하는 태도를 견지했던 쇼펜하우어로부터 큰 영향을 받았다. 25세 때인 1869년, 스위스 바젤 Basel 대학교에 교수로 임명되었고 같은 해에 라히프치히 대학에서 별도의 논문 없이 이미 출판된 저작물만으로 학업 성취를 인정받아 박사학위를 받음으로써 그의 천재성을 널리 알렸다.

평생 동안 집필을 계속해 나간 니체는 많은 철학서적을 발표하다가 1878년《인간적인 너무나 인간적인 Menschliches, Allzumenschliches》이라는 걸작을 내놓아 세상을 놀라게 했다. 실증주의 시대를 대변하는 이 책은 그리스도와 그 도덕률을 철학의 입장에서 철저히 비판하고 있는데, 니체의 철학사상을 대변하는 작품의 하나이다.

니체는 35세 때 건강이 악화되어 교수 생활을 그만두고 집필 작업 이외에는 그 무엇에도 흥미를 느끼지 못한 채 외롭고 피폐한 생활을 이어갔다. 이 기간 동안 시력을 많이 잃은 니체는 몇 사람을 제외하고는 누구하고도 접촉을 피한 채 운둔생활을 이어갔다. 그런 중에도 39세 때인 1883년부터 2년 동안 4부에 이르는 소설 형식의 철학 대서사시 《차라투스트라는 이렇게 말했다 Also sprach Zarathustra》를 발표했다. 부제가 '만인을 위한, 그러나 어느 누구를 위한 것도 아닌 책'인 이 걸작은 초인적 존재인 차라투스트라를 주인공으로 전개되는 그의 대표작이다.

이 책의 제목에 등장하는 '차라투스트라'는 원래 '자라투스트라'로 이란 북부지방에서 태어난 예언자이다. 자신의 이름을 따서 조로아스터교를 창시한 인물로 알려져 있다. 중국과 한국에서 한때 '배화교拜火敎'로 불렸던 조로아스터교는 역사상 가장 오래된

유일신 종교로 오늘날까지도 이란을 비롯해 유럽사회에 신도가 많이 있다.

《인간적인 너무나 인간적인》과 함께 니체의 대표작으로 손꼽히는 《차라투스트라는 이렇게 말했다》는 그의 중심 사상인 힘에의 의지, 초인, 영원 회귀 같은 담론들이 다양한 비유와 상징에 섞여 전개된다.

니체는 이 책으로 자신이 '인류에게 이제까지 주어진 그 어떤 선물보다도 큰 선물을 주었다'고 말할 만큼 자부심이 대단했지만 그가 썼던 대부분의 저서들과 마찬가지로 발행 당시엔 아무도 관심을 쏟지 않았고, 특히 4부는 자비로 지인들에게 선물할 40부 정도만 간신히 출판되었다.

기존의 그리스도교적 질서를 맹렬히 비판하는 이 책은 당대에는 너무 이단적이고 난해하다는 이유로 외면당했지만, 사후에 재평가되기 시작하여 마침내 20세기 이후에 철학계는 물론이고 다른 학문과 문화, 예술 방면까지 두루 영향을 끼치는 걸작으로 인정받고 있다.

1888년은 니체가 그나마 정신이 온전했던 마지막 해로 《우상의 황혼》과 《이 사람을 보라》 등을 연이어 발표하며 불꽃같은 창작혼을 불태웠다. 이 책들에는 특히 독일이 낳은 위대한 오페라 작곡가 리하르트 바그너 Richard Wagner 를 혹독히 비판하는 내용을 담고 있어 화제를 모았다. 니체는 심지어 《니체 대 바그너》라는 책을 쓸 만큼 바그너의 음악이 가진 기독교적 정신을 비판했다.

그로부터 1년 뒤, 이탈리아 토리노로 건너간 니체는 오랜 방황 끝에 길거리에 쓰러졌다가 구조된 뒤 정상적인 사고 능력을 상실했고, 이후 정신착란에 시달리다가 1900년 8월, 56세 되던 해에 눈을 감았다.

니체는 아포리즘을 특징으로 하는 사상가로, 핵심을 찌르는 촌철살인의 잠언들은 독자들의 삶에 비수처럼 박히고 마음에 엉겨붙은 편견과 고정관념을 흔들어 깨워 삶에 대해, 그리고 세상에 대해 새로운 관점을 갖도록 이끈다.

특히 니체는 많은 철학자들이 인생을 부정적인 시각으로 논하는 흐름 속에 삶에 대한 긍정에 바탕한 탁월한 통찰력을 우리에게 선물한 철학자였다. 그럼에도 살아 있는 동안에는 일반대중의 외면과 학계의 무시 속에서 고군분투해야 했다. 또한 종교계와 윤리주의자들로부터 사회를 타락시킨다는 악의적인 비난에 시달리며 평생 외롭고 고단한 삶을 살아야 했다.

그러나 그가 죽은 후 유럽의 철학과 문학 등 인문 분야에 지대한 영향을 끼쳤다는 평가와 함께 오늘날에는 19세기를 살았던 철학자들 중에 가장 위대한 인물로 기억되고 있다.

이 책은 니체가 남긴 많은 책들 중에서 오늘을 사는 사람들의 삶에 도움이 될 만한 잠언들을 모았다. 도전하는 사람들에게, 희망을 품었으나 번번이 좌절하는 사람들에게, 그리고 막연히 좋은 삶을 살고 싶다는 꿈을 가진 사람들에게 권하는 니체의 육성이다. 독자 여러분의 사랑을 기대한다.

Friedrich
Nietzsche

contents

프롤로그 니체, 불꽃처럼 살다 불꽃처럼 죽다 · 4

제1장 그런 삶은 너무 초라하지 않겠는가? · 12

제2장 한 사람의 역사를 만드는 것들 · 36

제3장 인생이 들려주는 이야기에 귀를 기울여라 · 60

제4장 온 힘을 다해 최고의 인생을 살아라 · 84

제5장 너의 꿈이 너 자신이다 · 108

제6장 자신의 꿈에 책임을 져라 · 132

제7장 자신의 껍질을 벗는다는 것 · 156

제8장 아직 끝나지 않았다. 계속 나아가라 · 180

니체 연보 · 206

그대는 어릴 때 누구보다 강하고 담대하게 살아갈 거라고 마음먹었을 것이다. 그러나 지금은 최대한 안전하게 사는 게 목표이고, 그렇게 사는 걸 유일한 인생관처럼 여긴다. 그런 삶은 너무 초라하지 않겠는가?

@Nietzsche

Friedrich _____ Wilhelm _____

제 1 장

그런 삶은 너무 초라하지 않겠는가?

내일로 향한 발걸음을 멈추지 마라

사람은 자기 미래의 꿈에 계속해서 다른 꿈을 더해 나가는 적극적인 삶을 살아야 한다. 현재의 작은 성취에 만족하거나 소소한 난관에 부딪칠 때마다 다음에 이어질지 모르는 난관을 걱정하며 내일로 향한 발걸음을 멈춰 서지 마라.

《차라투스트라는 이렇게 말했다》

──── 《차라투스트라는 이렇게 말했다》는 1883~1885년 작품으로 전 4부로 구성된다. 차라투스트라 Zarathustra 는 고대 페르시아의 예언자로 조로아스터교의 창시자이다. 니체가 차라투스트라를 주인공으로 삼은 것은 그가 '도덕'을 최초 거론한 사람이고, 도덕이라는 문제에 누구보다 깊이 파고들었기에 이를 놓고 대결할 필요가 있었기 때문이다.

항상 기쁘게 살 수 있는 법

주위사람들에게 기쁨을 주면 나까지 기쁨이 넘친다. 아무리 작은 일이라도 다른 사람을 기쁘게 할 수 있다면 우리의 양손에, 그리고 가슴에 항상 기쁨이 가득할 것이다.

《아침놀》

―― 《아침놀》은 1881년 출간되었다. 니체가 삶의 최저점에 놓여 있을 때 발표한 이 책은 우리에게 삶의 의지를 불러일으킬 빛이 어디에 있는지를 니체 철학의 견지에서 알려주는 안내서 역할을 한다.

먼저 자기 자신을 사랑해야 한다

사람들은 진정한 자아를 찾기 위해 자기를 상대해 줄 친구를 찾거나 막연히 안도감을 느끼려고 누군가를 간절히 원하고, 그에게 의지하려고 한다. 왜 그러는 것일까? 고독하기 때문이다. 왜 고독할까? 자기 자신을 제대로 사랑하지 못하기 때문이다.

순간적인 기쁨을 나누는 친구는 고독 때문에 생긴 상처를 쉽게 치유하지 못한다. 자신을 진정으로 사랑하기 위해서는 먼저 자신의 일에 전력을 쏟아야 한다. 그대의 다리로 높은 곳을 향해 걸으면 고통이 따를 테지만 그것은 마음을 튼튼하게 만드는 고통이다.

《차라투스트라는 이렇게 말했다》

―――― 니체는 《차라투스트라는 이렇게 말했다》로 인류에게 이제까지 주어진 어떤 선물보다 큰 선물을 했다고 말할 만큼 자부심이 대단했지만 발행 당시 누구의 관심도 받지 못하여 4부는 40부 정도만 겨우 자비로 출판되었다.

사람을 강인하게 단련하는 것들

하늘에 닿을 듯이 키가 큰 나무들에게 거친 바람과 악천후가 없었다면 그런 성장이 가능했을까? 인생에는 거친 폭우와 강렬한 햇살, 태풍과 천둥 같은 온갖 악과 독이 함께한다. 그런 것들이 가급적이면 없는 게 낫다고 말할 수 있을까?

탐욕, 폭력, 증오, 질투, 아집, 불신, 냉담, 그밖에 모든 악조건과 장애물들, 이런 악과 독이 존재하기에 우리는 그것을 극복할 기회와 힘을 얻고 용기를 내어 세상을 살아갈 수 있을 만큼 강인하게 단련되는 것이다.

《즐거운 학문》

───── 니체가 남긴 유명한 말 '신은 죽었다'가 실린 《즐거운 학문》은 1882년 초판 발행, 1887년 2판이 나왔다. 이러한 파격적인 말로 인해 니체는 이단아로 악명이 높게 되었다. 니체가 '가장 개인적인 책'이라고 말한 이 책은 그의 저서 중에서 가장 많은 시가 포함돼 있다.

춤은 스스로의 시작을 새로 만들어낸다

어린아이는 천진난만함과 망각 그 자체이다. 또한 아이들은 새로운 시작과 놀이, 스스로 돌아가는 바퀴, 거룩한 긍정의 존재다.

춤은 천진난만함 그 자체이자 망각으로, 이는 춤이 우리 몸의 무게를 잊도록 만들기 때문이다. 춤은 새로운 시작으로, 이것은 춤을 추는 동작이 스스로의 시작을 새로 만들어내기 때문이다.

《차라투스트라는 이렇게 말했다》

―― 1900년대 초부터 이사도라 던컨 Isadora Duncan 을 비롯한 많은 무용가들이 '춤을 추는 동작이 스스로의 시작을 새로 만들어낸다'는 니체 철학에 공감하여 전통적인 무용 형식에 저항하며 새로운 형식의 현대무용의 틀을 만들기 시작했다.

사랑받으려 노력하지 않는데 누가 사랑하겠는가?

사랑을 원하는가? 좋은 사람이 나타나기를 기다리는가? 나를 깊이 사랑해 줄 연인을 원하는가? 그대가 이런 경우라면 매우 잘난 척하는 사람일 수 있다.

그대가 많은 이들로부터 사랑받기 위해 노력해 왔는지 돌아보라. 그대가 기다리는 좋은 사람은 많은 이들 가운데 있다. 사랑받기 위해 노력하지 않는 그대를 누가 사랑하겠는가? 이제 알겠는가? 그대는 처음부터 당치 않은 일을 원하고 있었다는 것을 말이다.

《인간적인 너무나 인간적인》

———— 《인간적인 너무나 인간적인》은 1878년 출간된 니체의 대표작이다. 이 책의 제목은 철학사상은 물론 문학, 예술 등 많은 분야에 유행처럼 번진 말이 되었다. 1879년 《여러 가지 의견과 잠언》이, 1880년에 《방랑자와 그의 그림자》가 출판되고 나중에 이들 세 권의 책들을 묶어 《인간적인 너무나 인간적인(1)(2)》을 재출간했다.

왜 남의 생각대로 움직이는가?

살아 있는 물고기를 가지려면 손으로 직접 낚아야 한다. 마찬가지로 자신의 의견을 표현하려면 내면에 있는 생각을 언어화해야 한다. 그것이 물고기 화석을 사들이는 것보다 낫지 않겠는가?

자신의 생각을 갖는 일이 귀찮은 일이라고 여긴다면 돈을 주고 상자에 들어 있는 물고기 화석을 구입하면 된다. 화석은 다른 사람의 낡은 생각으로, 돈을 주고 사들인 남의 의견을 자기 신념인 양 간직하면 된다. 하지만 그렇게 되면 그들의 의견은 생기가 전혀 없어서 항상 그 상태로 정체되어 있다. 이 세상에는 이렇게 남의 생각대로 움직이는 사람들이 너무나 많다.

《방랑자와 그 그림자》

―― 1880년 초판 발행되었다. 방랑자와 그림자는 '나'와 '또 다른 나'를 뜻하는데, 서로가 같은 듯 다른 존재임을 말하고 있다. 책 속에 나오는 '자신의 주인이 되어라'는 당시 독일사회에 크게 유행한 말이 되었다.

'왜'라는 물음에 스스로 답할 수 있어야 한다

어떻게 살아야 할지 삶의 방법론을 말하는 책은 많지만 내게 딱 맞는 내용은 찾기 어렵다. 타인의 삶의 방식이 내게 맞지 않는 것은 당연하니 전혀 이상할 것은 없다. 문제는 내가 던지는 '왜?' 라는 물음의 속뜻을 스스로 인식하지 못하는 데 있다.

왜 그런 일을 하고 싶은지, 왜 그렇게 되려고 하는지, 왜 그 길로 가려고 하는지, 이런 내면으로부터의 물음에 분명한 평가 기준을 갖지 못하기 때문에 답을 찾지 못한다. '왜'라는 물음에 스스로 답을 말할 수 있어야만 무엇을 어떻게 해야 할지 알게 되고, 이제 그 길을 가는 일만 남게 되는 것이다.

《우상의 황혼》

—— 《우상의 황혼》은 1888년 집필되고 1889년 출판되었다. 오랫동안 서양인들이 숭배해온 기독교를 포함한 우상 숭배에 황혼이 임박했음을 통고하고, 쇠망치로 우상들을 분쇄하는 작업을 계속하겠다고 선언한다.

타인을 대하는 최선의 방법

대부분의 사람들이 자신에게는 너그러우면서도 타인에게는 엄격한 잣대를 들이민다. 왜 그러는 것일까? 자신을 볼 때는 아주 가까운 곳에서 보게 되지만, 타인을 볼 때는 거리를 두고 보기 때문에 윤곽만 어렴풋이 보이게 된다.

이 같은 거리의 차이를 반대로 생각해 보면, 타인을 볼 때는 그렇게 비난할 상대가 아니며 자기 자신은 생각하는 것만큼 너그럽게 대할 만한 존재가 아니라는 사실을 깨닫게 된다.

《여러 가지 의견과 잠언》

―― 《여러 가지 의견과 잠언》은 1879년 출간된 책으로 짧지만 강력한 비판의식이 담긴 철학서로 유명하다.

인생의 바탕을 튼튼하게 떠받치는 것

우리들은 의식주 문제를 너무 소홀히 취급한다. 심지어 살기 위해 먹고, 욕정을 채우기 위해 아이를 낳는다고 말하는 사람도 있는 지경이다. 그들의 삶은 대부분 땅바닥까지 추락하여 고귀한 인생 따위는 자기와는 아무 상관없는 일이라고 말한다.

그래서는 안 된다. 우리는 인생의 바탕을 튼튼하게 떠받치는 의식주 문제를 진지하게 대해야 한다.

《방랑자와 그 그림자》

이기주의자들의 판단은 아무 근거가 없다

이기주의자들은 무슨 일이든 이익과 손실을 먼저 따진다. 그러나 사실은 그들이 가까이 있는 것들은 중요하게 여기면서 멀리 있는 것들은 외면하는 근시안적인 계산을 하고 있을 뿐이다. 더구나 그들의 판단 기준은 기분에 따라 그때그때 멋대로 변한다.

그런 의미에서 그들의 계산법은 치밀하지도, 사실에 의하지도 않은, 단순히 감정적인 판단에 불과한 것이다. 다시 말해서 이기주의자들의 판단은 아무 근거가 없다. 따라서 이기주의자들은 감정적이고 신용이 없는 사람들이라고 할 수 있다.

《즐거운 학문》

결혼하기 전에 스스로에게 물어봐야 하는 말

사람은 결혼을 하기 전에 스스로 이런 질문을 던져 봐야 한다. 그는 늙을 때까지 유쾌하게 이야기를 나눌 수 있는 사람인가? 결혼에서의 모든 일은 전부 일시적이지만, 관계의 대부분은 대화의 시간이기 때문이다.

《인간적인 너무나 인간적인》

어떤 사람의 성격이 강해 보이는 이유

어떤 사람의 성격이 강해 보이는 것은 그가 항상 자기의 원리를
고집하기 때문이라기보다는 항상 자신의 기질에 따라 생각하고
행동하기 때문인 경우가 훨씬 많다.

《인간적인 너무나 인간적인》

복잡한 문제는 멀리 떨어져서 바라보라

모네 Monet 의 점묘화는 가까이 보면 무엇을 표현했는지 알 수가 없다. 그러나 조금 멀리 떨어져서 보면 무엇을 어떻게 표현했는지 알게 된다.

어떤 일의 소용돌이에 휘말려 있을 때도 마찬가지이다. 가까운 곳에서는 상황을 제대로 파악하기 어렵지만 그 일에서 멀리 떨어져서 바라본다면 어떤 문제가 있는지 또렷이 보이게 된다. 소용돌이를 만드는 근원과 이유가 무엇인지 분명히 나타나기 때문이다.

복잡한 것을 단순하게 만드는 방법 또한 이와 같다. 사상가들은 이런 방법으로 뒤엉킨 실타래 같은 문제에서 굵직한 기둥을 찾아내어 단순화시키고 누구나 쉽게 알아볼 수 있게 만든다.

《즐거운 학문》

현실의 이면에 있는 것을 보는 시선

눈앞의 상황에 따라 거기에 맞춰 대응하는 사람은 현실주의자로, 그런 처신이 믿음직하게 보일 수 있다. 우리는 현실을 살고 있기에 현실에 대응하는 것은 중요하다. 현실은 배제해야 할 대상이 아니라 삶의 토대이기 때문이다.

그러나 사물의 본질을 보려면 현실만으로는 안 된다. 거기서 한 걸음 더 나아가 현실의 이면에 존재하는 보편적인 것과 추상적인 것이 무엇인지 알아보는 새로운 시선이 필요하다.

《아침놀》

아름답고 지적인 사람을 찾아내는 방법

아름답고 교양 넘치는 사람을 찾고 있다면 멋진 풍경을 바라보듯이 봐야 한다. 풍경은 특정한 장소, 특정한 각도에서 바라보는 한정된 전망만이 아름답다. 사람도 마찬가지다.

아름답고 지적인 사람을 찾으려면 그 사람의 전체를 보지는 말아야 한다. 간혹 광범위한 영역의 교양을 가진 사람도 있지만, 산 정상에서 바라보는 풍경처럼 전체적인 관점에서 바라본 그는 특별히 빼어난 풍경이라고 할 만큼 아름답지는 않다.

《아침놀》

아직 진정으로 즐거운 일을 찾지 못했다면

자신의 일에 집중하지 않고 노는 일에만 정신이 팔린 사람은 쾌락에 빠진 나머지 매일 더 큰 자극을 원한다. 어쩌면 그는 무슨 일을 해도 즐겁지 않기 때문에 끊임없이 더 큰 쾌락을 찾고 있는지도 모른다. 어쩌면 그는 아직 진정으로 즐거운 일을 만나지 못했거나 발견하지 못했다고 할 수 있다.

《인간적인 너무나 인간적인》

진정한 사랑의 힘

진정한 사랑은 사람을 조금씩, 그러나 확실히 성장하게 만든다. 사랑을 받음으로써, 사랑의 힘이 그의 안에 잠자고 있던 아무도 몰랐던 장점을 일깨운다. 사랑은 이렇게 사람 안에 숨은 보석을 찾아내는 힘이 있다.

《선악의 저편》

——— 《선악의 저편》은 1886년 출간되었다. 니체는 대표작 《차라투스트라는 이렇게 말했다》를 너무 문학적으로 썼기에 이해하기 어려워 제대로 평가받지 못한다고 생각했다. 그래서 학자들이 이해하기 쉽게 학문적인 글로 쓰겠다며 이 책을 집 필했다고 한다.

진정으로 강한 자의 모습

진정으로 강한 자는 적의 실패를 관대하게 눈감아 준다. 또한 적이 이겼을 때는 겸허하게 인정해 준다.

《생성의 무죄》

—— 《생성의 무죄》는 1883년 출간되었다. 니체는 영원불멸을 희원했던 서구존재론에 반대하며 생성과 창조의 철학을 연 선구자였다. 니체는 《생성의 무죄》에서 플라톤과 기독교로 대변되는 서구적 가치에 반기를 들고 초인 사상을 설파했다.

말에는 저마다의 냄새가 있다

다른 어느 것들과도 잘 어울리는 기분 좋은 향기가 있는가 하면 사람들의 주변을 겉돌기만 하는 악취가 있다. 우리가 쓰는 말에도 저마다의 독특한 냄새가 있다. 물이 흐르듯 자연스럽게 조화를 이루는 말도 있고, 그렇지 않은 말도 있다.

따라서 사람은 자신이 하는 말에 항상 조심해야 한다. 좋은 향기가 나는지, 아니면 온갖 악취가 풍기는 말인지 항상 음미할 필요가 있다.

《인간적인 너무나 인간적인》

자기의 생각을 표현하는 법

'내 생각은 이렇다'고 솔직히 표현하지 않고 '나는 이렇게 인식한다'고 말하는 사람이 있다. 얼핏 이런 표현이 좀 더 객관적이고 공정한 말로 느껴지고 진지한 사람으로 보이기도 한다. 하지만 '인식한다'는 말은 결국 모든 것을 자기만의 방식으로 이해한다는 것을 그럴듯한 어법으로 포장하는 것에 불과하다.

《생성의 무죄》

그런 삶은 너무 초라하지 않은가?

그대는 어렸을 때 누구보다 강인하고 담대하게 살아갈 것이라고 마음먹는다. 그러나 실제로는 사소한 일에 쉽게 분노하고 쩔쩔맨다. 그리하여 이제는 최대한 안전하게 사는 것이 목표이고, 절약하면서 편안하게 사는 것을 미덕이라고 생각한다. 그런 삶은 너무 초라하지 않은가?

《생성의 무죄》

무엇을 위해 살고 어떻게 행동하는가, 그것이 매일의 역사를 만든다. 허둥대지 않고 오늘 하루를 끝냈는가, 어제보다 더 나은 방법으로 일을 해냈는가. 이런 물음에 대한 답들이 사람의 역사를 만든다.

@Nietzsche

Friedrich _____ Wilhelm _____

제 2 장

한 사람의
역사를 만드는 것들

새로운 자기를 만들려는 노력을 멈추지 마라

항상 껍질을 벗고 새로워져야 하고, 항상 새로운 삶을 향해 나아가야 한다. 그렇게 새로운 자기를 만들려는 탈바꿈을 위해 평생 노력을 멈추지 말아야 한다.

《즐거운 학문》

―――― 1900년대 초반부터 독일의 앨프레드 아들러 같은 심리학자들이 혼돈의 시대를 살아가는 사람들의 심리적 갈등과 정식적 고통을 보듬어 주기 위해 자기계발을 위한 심리학 서적을 발표하는데, 대부분의 책들이 니체 철학의 영향을 받았다. 이런 경향은 1900년대 미국에서 본격적인 산업화가 진행되면서 더욱 심화되어 대중들을 위한 심리학 서적들이 무수히 출간되었다. 이때도 어김없이 위에 소개된 문장처럼 쉽고 간명한 니체의 잠언들을 이용한 서적들이 많았다. 이것이 오늘날 번성하고 있는 자기계발 실용서적들의 원조 역할을 한다.

소크라테스는 인생에 지쳐 있었다

모든 시대의 현자들은 삶에 대해 똑같은 결론을 내린다. 언제 어디서든 그들은 침울함과 권태로 가득한 채 몹시 의심스러운 목소리로, 그리고 삶에 대해 매우 적대적인 태도로 말했다. "삶이란 의미 없는 것이다." 심지어 소크라테스조차도 임종을 맞으며 이렇게 말했다. "산다는 것은 오랫동안 병들어 있었다는 뜻이다." 소크라테스마저도 인생에 지쳐 있었던 것이다.

《우상의 황혼》

―――― 소크라테스는 저술이나 일기를 전혀 남기지 않았다. 그의 삶과 사상은 제자인 플라톤이나 크세노폰이 남긴 저술을 통해서만 간접적으로 알 수 있다.

한 사람의 역사를 만드는 것들

우리는 역사를 나와는 아무 관계없는 일로 여기거나 도서관의 낡은 서가에 꽂혀 있는 고전 속의 이야기로 여기곤 한다. 하지만 매일의 삶 자체가 곧 우리의 역사이다. 지금 무엇을 위해 살고 어떻게 행동하는가, 그것이 바로 매일의 역사를 만든다.

두려워하거나 허둥대지 않고 오늘 하루를 끝냈는가, 게으르게 보냈는가, 용감하게 도전했는가, 어제보다 더 나은 방법으로 자신의 일을 해냈는가. 이런 물음과 그에 대한 답들이 쌓이고 쌓여 한 사람의 역사를 만드는 것이다.

《아침놀》

영혼을 치유하는 가장 쉬운 비결

매일 사소하지만 반복적인 습관이 쌓여 만성적인 병을 만든다.
마찬가지로 버릇처럼 반복되는 것들이 영혼을 병들게도 만들고
건강하게도 만든다.

어제까지 하루에 열 번 다른 사람들에게 냉담한 말을 퍼부었다
면 오늘부터는 하루에 열 번 기쁨을 안겨주는 말을 건네라. 그러
면 자신의 영혼이 치유될 뿐 아니라 다른 사람들의 마음도 한결
나아질 것이다.

《아침놀》

인생을 온몸으로 즐겨라

즐겁지 않은 상태는 좋지 않다. 힘겨운 일에서 잠시 고개를 돌려 현재를 마음껏 즐겨야 한다. 집안에 즐겁지 않은 사람이 하나만 있어도 모든 사람이 우울감에 빠지고 집안은 어둡고 불쾌한 공간이 된다.

어떤 조직도 이와 마찬가지이다. 최대한 행복하게 살아라. 그러기 위해 무엇보다 현재를 즐겨라. 이 순간을 마음껏 웃고 온몸으로 즐겨라.

《즐거운 학문》

―――― 니체는 음악에도 조예가 깊어 13세 무렵부터 20세 무렵까지 가곡과 피아노곡을 직접 작곡했다. 그 후 작곡을 하지 않다가 음악가 바그너를 만나면서 자극을 받고 몇 개의 곡을 더 남겼다. 이런 경험이 니체가 문장 곳곳에서 춤과 즐거움, 행복을 말했던 이유와 무관하지 않을 것이다.

텅 빈 내면을 가진 사람들의 특징

극단적으로 행동하거나 걸핏하면 과장된 태도를 보이는 사람에게 된 허영심이 있다. 자신을 최대한 크게 보이려고 하고, 자신에게 힘이 있으며 자신이 특별한 사람이라는 것을 모두에게 내보이려고 한다.

그러나 그들은 실제로는 텅 빈 내면을 가졌음에도 의도적으로 그런 행동을 보이는 것이다. 그런 식으로 사소한 문제에 얽매어 있는 사람은 얼핏 배려심이 깊고 섬세한 것처럼 보이지만 속으로는 공포심을 끌어안고 살아가고 있다.

《인간적인 너무나 인간적인》

어떤 일을 경험하든 깊이 성찰해 보라

경험은 매우 중요하다. 사람은 경험을 통해 성장할 수 있기 때문이다. 그러나 많은 것을 경험했다고 해서 다른 사람들보다 무조건 훌륭하다고 말할 수는 없다. 많은 일들을 겪었어도 나중에 찬찬히 떠올려보며 반추하지 않으면 아무것도 아닌 일이 되고 된다. 어떤 일을 경험하든 깊이 성찰하지 않으면 음식을 꼭꼭 씹어 먹지 않으면 배탈이 나는 것과 같다. 그러면 결국 아무 것도 배우지 못해서 자기 것이 되지 않는다.

《방랑자와 그 그림자》

인생은 소유하기 위한 경쟁의 시간일 리 없다

우리에겐 돈과 편안한 집, 그리고 건강하고 풍요로운 식사가 필
요하다. 우리는 이런 것들을 소유함으로써 독립과 자유를 누리
며 살 수 있다.

하지만 이것이 너무 지나치면 소유욕의 노예로 전락하게 된다.
뭔가를 더 갖기 위해 인생을 허송세월하다가 휴식할 시간마저
없이 조직에 조종당하며 살게 된다. 인생이 그런 식으로 끝도 없
이 많은 것들을 소유하기 위해 경쟁하는 시간일 리가 없다.

《여러 가지 의견과 잠언》

우리는 사랑을 통해 좋은 인간으로 성장한다

누군가를 사랑하게 되면 자신의 단점이나 마음에 들지 않는 부분을 들키지 않으려고 노력한다. 이것은 상대에게 상처주지 않으려는 행동으로, 상대가 그것을 알아차리고 실망하기 전에 어떻게든 고치려고 노력한다. 사람은 이렇게 사랑을 통해 좋은 인간으로 성장해 나간다.

《즐거운 학문》

막다른 길에 있을 때, 고전을 읽어라

고전은 영양분이 가득하다. 고전을 읽으면 오늘의 시대에서 멀리 날아가 완전히 다른 세계를 볼 수 있다. 그런 뒤에 현재로 다시 돌아오면 오늘의 세상이 지금까지와는 아주 다르게 보인다.

이런 식으로 우리는 새로운 관점에서 오늘의 나와 오늘의 세상을 바라볼 수 있다. 막다른 길에 있다고 느낄 때 읽는 고전은 지성을 높이는 특효약이다.

《인간적인 너무나 인간적인》

사람은 언제 고상한 행동을 할까

인간은 다른 사람들에게 아무 것도 바라지 않고 그들에게 무엇인가를 나눠주는 것이 습관이 되면, 자신도 모르는 사이에 계속 고상한 행동을 하게 된다.

《인간적인 너무나 인간적인》

희망을 신앙처럼 여기며 계속 나아가라

그대는 지금 자유롭지만, 자꾸 나쁜 곳으로 가려고 한다. 그대는 아직 젊기에 수많은 위험에 노출되어 있다. 나는 그대가 사랑과 희망을 버리지 않기를, 그대의 영혼 속에 깃든 고귀한 영웅을 버리지 않기를, 그대가 계속해서 희망의 꼭대기를 신앙처럼 바라보며 걸어 나가기를 간절히 바란다.

《차라투스트라는 이렇게 말했다》

인간이라 부를 수 없는 자들의 말로

세상에는 인간이라고 부를 수 없는 자들이 넘쳐난다. 그들은 다른 사람들을 자신의 목적을 이루는 발판으로만 생각한다. 여기다 다른 사람에 대한 멸시가 극에 달해 단지 도구로만 여긴다.

문제는, 그들은 때로는 자기 자신조차 그렇게 취급한다는 것이다. 그래서 그들은 자신을 소홀히 여긴 나머지 자기 자신을 아무렇지도 않게 내버리곤 한다.

《인간적인 너무나 인간적인》

진정한 약속이란

우리는 약속을 한 뒤에 그것을 말로 나누지만, 말이란 원래 부질없는 것이다. 진정한 약속은 나 자신이라는 온전한 인간과 상대라는 온전한 인간이 결합하는 일이기 때문이다.

《아침놀》

무슨 일이든 전력투구하라

무슨 일이든 전력투구하라. 만족스러운 결과를 얻기 위해서가 아니라 자기 자신을 소중하게 대하기 위해 전력투구하라. 매사에 온힘을 다하지 않고 잔꾀를 부리거나 적당히 물러앉은 방관적인 태도는 스스로를 바보로 만드는 것과 같다.

그러면 자신이 하는 일에 어떤 의미도 부여할 수 없을 뿐더러 자신을 천천히 죽이는 결과를 낳는다.

《우상의 황혼》

사람만이 아름답다

사람들은 어떤 기준으로 아름다움을 정할까? 사람들이 생각하는 아름다움이란 무엇일까? 진정으로 아름다운 것은 사람이다. 사람만이 아름답고, 사람과 관계된 것만이 진정 아름답다. 이러한 사실을 기초에 놓고 미학이 탄생되었다.

《우상의 황혼》

―――― 미학 美學 – 인간과 삶, 자연과 예술작품의 아름다움과 그것의 형태와 본질을 탐구하는 학문.

결점과 단점은 가장 훌륭한 스승이다

사람에겐 누구나 자기만의 결점과 단점이 있다. 그런데 대다수 사람들은 자신의 결점과 단점을 혐오하면서 다른 사람들에게 들키지 않으려고 가슴을 졸인다.

하지만 결점과 단점은 훌륭한 스승이 된다. 자신의 부족함을 채우려면 무엇을 극복해야 할지, 어떤 부분을 고쳐야 나가야 할지, 나의 장점은 무엇인지, 어떤 개성을 가진 사람인지를 알려주기 때문이다.

《생성의 무죄》

거짓말쟁이들의 대화법

아무리 거짓말을 잘하는 사람도 모든 것을 완벽하게 감추지는 못한다. 거짓말을 뱉는 입과 은밀하게 잘 짜인 말들, 자신은 완벽하다고 믿는 표현을 통해 결국 다른 측면에서 진실을 말하고 있기 때문이다.

《선악의 저편》

어떻게 슬픔을 잊을 수 있을까

사람들은 시간이 지나면 모든 슬픔을 잊게 된다고 말들 한다. 그러나 사실은 시간이 우리를 위해 무엇을 하게 하지는 않는다.

그렇다면 무엇이 우리의 슬픔을 잊게 만들까? 그것은 삶 속에 녹아 있는 저마다의 슬픔과 고통이 점점 옅어지다가 마침내 멀리 자취를 감추기 때문이다.

《생성의 무죄》

무거운 굴레를 벗어던지고 남보다 가벼워지면

자기가 가야 할 길을 찾아내고 외롭고 힘들지만 당당히 나아가는 사람이 있다. 그는 누구도 도달하지 못한 먼 곳까지 쉬지 않고 도약하려고 한다. 그는 다른 사람들과는 많이 차이가 난다. 작은 것에 얽매이지 않고, 이상할 정도로 금욕적이다.

많은 것을 포기하거나 버려왔기에 어느 면에서는 비정하게 보이거나 체념한 것처럼 보이지만 그는 더 높이 뛰어오르고, 더 크게 날아오르기 위해 많은 것을 버려왔을 뿐이다. 무거운 굴레를 벗어던지고 남보다 가벼워져야만 더 멀리 비상할 수 있다는 사실을 잘 알고 있다.

《즐거운 학문》

함부로 비밀을 털어놓지 마라

과거에 저지른 잘못을 누군가에게 털어놓으면, 고백한 사람은 지금까지 가슴속에 자리 잡고 있던 죄책감을 떨쳐버리고 홀가분하게 자신의 잘못을 잊을 수 있지만, 그 말을 들은 사람은 영원히 잊을 수 없다.

《인간적인 너무나 인간적인》

저 아름다운 나비를 보라

나비를 보라. 생명이 채 하루도 남아 있지 않다는 사실은 조금도 염두에 두지 않고, 가냘픈 날개에 차가운 밤이 찾아들 것을 걱정하지도 않고 꽃과 꽃 사이를 힘차게 날아다니는 저 아름다운 나비를 보라.

《아침놀》

쓸데없는 철학이나 이론에 빠지지 말고 인생이 들려주는 이야기에 귀를 기울여라. 인생의 본질을 분명히 바라보며 인생이 들려주는 이야기에 귀를 기울이는 것이야말로 진정한 삶이자 철학하는 태도이다.

@Nietzsche

Friedrich _____ Wilhelm _____

제 3 장

인생이 들려주는
이야기에 귀를 기울여라

대담하게 자기 자신을 믿어라

대담하게 자기 자신을 믿어라. 그대들 자신과 마음을 믿어라. 자기 자신을 믿지 않는 자들의 말은 언제나 거짓이다.

《차라투스트라는 이렇게 말했다》

—— 니체가 남긴 글 중에 많은 문장들이 오늘날 유행하는 자기계발 서적의 내용과 흡사한 것은 니체가 긍정적인 태도로 삶을 바라봤기 때문이다. 그의 문장 어디에도 인생에 대한 회의나 의문이 없는 것도 같은 이유 때문이다. 이러한 니체의 철학하는 태도가 바로 오늘을 사는 우리가 그를 좋아하는 또하나의 이유이다.

멀리 보는 눈이 필요하다

우리에겐 멀리 바라보는 눈이 필요하다. 예를 들어 친한 친구와 멀리 떨어져서 그를 생각하면 함께 지낼 때보다 훨씬 더 그립고 아름답게 느껴진다. 이처럼 어떤 대상과 얼마쯤 거리를 두고 있으면 많은 일들이 생각보다 훨씬 소중하고 아름답다는 것을 알게 된다.

《아침놀》

그대 안의 강력한 지배자

그대의 사상과 감성 이면에는 강력한 지배자가 존재한다. 그대가
모르는 그의 이름은 '본래의 나'로, 그는 그대의 육체 안에 존재
한다. 그대의 육체가 바로 그 사람이다.

《차라투스트라는 이렇게 말했다》

친절과 경멸의 차이

모든 사람을 똑같은 호의로 대하며 누구에게도 차별 없이 친절하게 대하는 행동은 철저한 인간애의 발로이기도 하지만, 인간에 대한 깊은 경멸에서 나오는 행동일 수도 있다.

《여러 가지 의견과 잠언》

샘은 바로 거기에 있다

그대가 서 있는 곳을 깊이 파고들어라. 샘은 바로 거기에 있다. 자기에게 딱 맞는 무엇이 이곳이 아닌 아주 먼 곳에, 예를 들어 아직 가보지 못한 다른 나라에 있다고 믿는 사람들이 너무나 많다. 결코 그렇지 않다. 지금까지 한 번도 시선을 두지 않았던 발밑에 그대가 추구하는 것, 그대에게 주어진 많은 보물들이 잠들어 있음을 잊지 마라.

《차라투스트라는 이렇게 말했다》

사람들의 믿음을 얻으려면

자기 자신을 깊이 신뢰한다고 말하는 사람은 오히려 다른 사람들의 신뢰를 얻지 못하게 된다. 그렇게 말하는 사람은 대개 자기 자신에게 취해 있는 나르시시스트이거나 자기애가 너무 지나쳐서 자신에 대한 인식이 몹시 안이해진 사람에 불과하다.

타인의 믿음을 얻으려면 말로만이 아니라 행동으로 보여줘야 한다. 피할 수도, 물러설 수도 없는 상황에서의 진실하고 흔들림 없는 행동이야말로 다른 사람들의 신뢰에 호소할 수 있기 때문이다.

《방랑자와 그 그림자》

인생은 유한하다. 최대한 명랑하게 살아라

사람의 죽음은 이미 정해진 것이기에 최대한 명랑하게 살아라. 언젠가는 끝나는 인생이기에 온힘을 다해서 맞서야 한다. 시간은 유한하다. 기회는 항상 지금뿐임을 잊지 마라. 인생이라는 무대 위에서 울부짖는 일 따위는 오페라 가수에게 맡기자.

《권력에의 의지》

───── 〈권력에의 의지〉는 니체가 죽은 지 1년 뒤인 1901년 출간되었다. 니체가 직접 쓴 책이 아니고 1897년 니체의 여동생을 중심으로 조직된 니체 문서보관소가 니체의 유고를 모아 출판했다. 그래서 니체의 뜻과는 달리 파시즘 사상을 담고 있어 오늘날엔 니체의 저서로 인정하지 않고, 니체가 남긴 유고만 인정한다. 《힘에의 의지》라고도 한다.

비판은 들을수록 유익하다

곰팡이는 바람이 통하지 않는, 그늘지고 축축한 곳에서 번식한다. 이런 현상은 사람들의 조직에서도 일어난다. 비판이라는 이름의 바람이 불지 않는 밀폐된 조직에서는 반드시 부패와 추락이 번식한다. 비판은 의심에서 나오는 심술이나 나쁜 의견이 아니라 한줄기 바람 같은 것이다. 얼굴을 시원하게 식혀주기도 하고 눅눅한 곳을 마르게도 하여 나쁜 균의 번식을 억제하는 역할을 한다. 따라서 비판은 아무리 많이 들어도 유익하다.

《인간적인 너무나 인간적인》

타인을 볼 때는 고귀한 면을 보려고 노력하라

다른 사람을 볼 때는 그의 고귀한 일면을 보려고 노력해야 한다. 그의 비루한 부분을 비롯해 겉으로 드러나는 측면만 본다면, 그것은 바라보는 사람이 아주 좋지 않은 처지에 있다는 뜻이 된다. 그것은 다른 사람의 나쁜 부분만 바라봄으로써 어리석고 게으른 자신의 모습에 눈을 감아 버리고는 자신이 우월한 존재라고 생각하기 위해서이다. 이렇게 다른 사람의 좋고 고귀한 면을 외면하는 사람은 상종하지 마라. 자신도 그처럼 저급한 사람이 되기 때문이다.

《선악의 저편》

나와는 다르게 살아가는 사람을 대하는 법

사랑은 나와 다른 방식으로 살아가는 사람을 이해하고 기쁘게 받아주는 것이다. 나와 닮지 않은 사람을 사랑한다는 것은 자신과 대립하며 살아가는 사람에게 기쁘게 다리를 건너 주는 것과 같다. 그것은 차이를 부정하는 것이 아니라 그 차이를 사랑한다는 것이다.

《여러 가지 의견과 잠언》

최악의 독자는 약탈을 일삼는 도둑이다

책을 읽은 뒤에 최악의 독자가 되지는 마라. 최악의 독자란 약탈을 일삼는 도둑과 같다. 그들은 책 속에 뭔가 가치 있는 내용은 없는지 여기저기를 훑어보다가 자기 상황에 맞거나 당장 써먹을 수 있는 내용, 또는 살면서 도움이 될 듯싶은 도구를 훔친다. 그러고는 그렇게 훔친 것들이 책의 전체 내용인 것처럼 사람들에게 떠들어댄다. 결국 그는 그 책의 내용을 완전히 다른 것으로 만들어버려 끝내 책 전체와 저자의 이름을 더럽히고 만다.

《여러 가지 의견과 잠언》

인생이 들려주는 이야기에 귀를 기울이자

흔히 철학을 가지라고 말하는데, 이 말은 어떤 면에서 강고한 태도와 의견을 고집하라는 뜻일 수도 있다. 그런 태도는 사람을 획일화한다.

그런 철학에 심취하지 말고 인생이 들려주는 이야기에 귀를 기울이자. 그러는 편이 인간의 본질을 분명히 바라볼 수 있다. 인생이 들려주는 이야기에 귀를 기울이는 것이야말로 진정으로 철학하는 태도이다.

《인간적인 너무나 인간적인》

세상을 똑바로 바라보는 방법

세상을 똑바로 바라보려면 다음의 세 가지가 필요하다. 첫째 사람들과 폭넓게 교제할 것, 둘째 책을 열심히 읽을 것, 셋째 모든 일에 열정적으로 임할 것, 이들 중에 하나라도 결여된다면 절대로 세상을 똑바로 바라볼 수 없다.

《방랑자와 그 그림자》

스스로에게 아무도 모르는 시련을 주어라

아무도 모르는, 자기 자신만이 아는 시련을 스스로에게 주어라. 누구의 눈에도 띄지 않는 곳에서 혼자 살아본다든지, 혼자 있는 때 예의 바르게 지낸다든지, 자기 자신에게 추호도 거짓말을 하지 않는다든지, 이런 시련을 이겨냈을 때 자신이 가치 있는 존재라는 사실을 알게 된다.

그러면 비로소 자신에 대해 자긍심을 가질 수 있다. 이는 곧 강력한 자신감으로 이어지고, 이것이 바로 스스로에 대한 보상이 된다.

《선악의 저편》

입만 열면 국가와 민족을 외치는 사람

입만 열면 인류에 대한 자신의 생각과 국가와 국민의 삶은 어떠
해야 하는지를 떠들어내는 사람이 있다. 하지만 그렇게 진지하게
거대담론을 떠들어대는 사람이 작은 계약이나 생활규범, 일반적
인 약속은 소홀히 한다. 그들은 보통사람들은 반드시 지켜나가
는 일에 아예 눈을 감아 버린다.

《인간적인 너무나 인간적인》

자신의 감성을 끊임없이 갈고 닦아라

여기 누구나 인정하는 탁월한 감성과 섬세한 감수성을 가진 사람이 있다. 그는 어떻게 그런 사람이 되었을까? 본래부터 그런 사람으로 태어난 것일까? 아니면 다른 사람보다 훨씬 탁월한 감성이 그를 만든 것일까? 그런 것은 결코 아니다. 그는 자신의 감성을 끊임없이 갈고 닦음으로써 지금에 이른 것이다.

《선악의 저편》

지혜롭지 않은 사람의 특징

지혜롭지 않은 사람의 특징은 걸핏하면 화를 내거나 마구 울분을 쏟아낸다는 것이다. 또한 애매모호한 일에 봉착하면 불안해하거나 초조해하며 가만히 있지 못한다. 이에 반해 지혜가 깊은 사람일수록 분노나 울분은 쉽게 생기지 않는다.

《인간적인 너무나 인간적인》

현재의 나, 내일의 나

날마다의 행동 하나하나가 자신을 새롭게 만들고 변화를 이끌어
낸다. 그대는 무엇을 하고, 무엇을 하지 않는가. 그대는 무엇을 믿
고, 무엇을 두려워하는가. 무엇을 선택하여 어떤 감정을 품는가.
이런 일상의 생각과 삶의 방식이 그대를 만들고 끊임없이 바꿔
마음과 인간성뿐만 아니라 육체마저도 변화시킨다. 현재의 그대
는 그 결과이며 내일의 나는 지금부터 행하는 하나하나의 행동
들로 만들어진다.

《생성의 무죄》

작은 일이라도 집요하게 매달려라

아무리 하찮은 일이라도 좋으니 하나라도 집요하게 매달려 자신을 행복하게 만들어라. 항상 최대한 기분 좋은 상태가 되게 하라. 그리고 이때의 기분을 최대한 끌어올려라. 그 뒤에 정말로 하고 싶은 일을 하라.

《생성의 무죄》

행복의 진짜 의미를 모르는 사람들

행복을 세상모르는 천진난만하거나 경박스럽고, 심지어 부끄러운 것으로 여기는 사람이 있다. 또 어떤 사람은 행복은 결코 손에 넣을 수 없는 가공의 무엇이라고 여긴다.

이런 사람은 누가 '당신은 행복한 사람이군요' 하고 말하면 그렇지 않다고 강하게 부정한다. 그러면서 자신의 몇 가지 결점이나 불만, 아니면 자신을 귀찮게 하는 일들을 떠올리며 머리를 흔든다.

《인간적인 너무나 인간적인》

인간의 행동에는 감정이 얽혀 있다

인간은 자유로운 존재가 분명하지만 행동하려면 어쩔 수 없이 감정에 얽매이게 된다. 예를 들어 용감하거나 대담한 행동의 밑바닥에는 일종의 허영심이 도사리고 있고, 평범한 행동의 밑바닥에는 습관처럼 길들여진 고정관념이, 사소한 문제에 집착하는 것은 반드시 이렇게 해야 한다는 불안감과 공포심이 도사리고 있다.

《인간적인 너무나 인간적인》

사람이 부끄러움을 느낄 때

사람은 자신이 부정한 행위를 저지르는 것은 부끄러워하지 않으면서 자신이 이러저러한 생각을 하고 있으리라고 남들이 짐작하고 있다는 사실을 아는 경우에는 부끄러움을 느낀다.

《인간적인 너무나 인간적인》

항상 한자리에 머물러 있는 사람이 있다. 그는 무엇을 기다리고 있는 것일까? 그렇게 기다리며 누군가 나타나 고통에서 구원해 주기를 바라가? 그러다가는 끝내 기다리기만 하는 인생을 살아야 할 것이다.

@Nietzsche

제 4 장

온 힘을 다해
최고의 인생을 살아라

일단 시작하라

모든 일의 시작은 위험한 법이지만 무슨 일이든 시작하지 않으면 아무것도 시작되지 않는다.

《인간적인 너무나 인간적인》

—— 무슨 일을 시작하면서 항상 주저하고 망설이는 버릇에 젖은 현대인들에게 보내는 경고와도 같은 이 말은, 니체가 남긴 유명한 명언 중의 하나로 많은 심리학자와 자기계발 작가들이 즐겨 쓰고 있다. '시작하지 않으면 아무깃도 시작되지 않는다'는 제목의 책이 베스트셀러가 될 정도로 이 말은 사회에 첫발을 내미는 젊은이들에게 꼭 맞는 명언이기도 하다.

함께 웃는 일은 너무나 멋지다

사람들과 더불어 침묵하는 것은 멋진 일이다. 하지만 그보다 더 멋진 것은 함께 웃는 일이다. 두 사람 이상이 같은 일을 경험하고 감동하면서 울고 웃으며 같은 시간을 보낸다는 것은 너무나 멋진 일이다.

《인간적인, 너무나 인간적인》

사람이 반드시 가져야 할 것

사람이 반드시 가져야 할 것이 하나 있다. 태어나면서부터의 '가벼운 마음'이나 예술과 지식에 의해 만들어진 '가벼워진 마음', 이두 가지 중의 하나이다.

《인간적인 너무나 인간적인》

항상 밝고 가벼운 마음으로 일하라

창조적인 일을 하든 평범한 일을 하든 항상 밝고 가벼운 마음으로 해야 순조롭게 풀리고 사소한 제한에 연연하지 않는 자유로움이 생긴다. 평생 이런 마음으로 살면 그것만으로 많은 것을 이루는 사람이 될 것이다.

《인간적인, 너무나 인간적인》

모든 죄악은 공포심에서 시작된다

세상에서 일어나는 죄악의 4분의 3은 공포심에서 나온다. 공포심 때문에 이미 경험한 많은 것들에 대해 힘들어 하게 된다. 하물며 아직 경험해 보지 않은 것이라면 오죽하겠는가? 하지만 사실은 공포심은 현재 자기 자신의 마음상태에 달려 있다. 그리고 그것은 자기의 마음이기 때문에 얼마든지 변화시킬 수 있다.

《아침놀》

자기 자신을 사랑하는 일로부터 시작하라

자신을 하찮은 사람으로 깎아내리지 마라. 그런 태도는 행동과 사고를 꽁꽁 옭아매게 된다. 무슨 일을 하든지 자기 자신을 사랑하는 일로부터 시작하라. 지금까지 살면서 아직 아무것도 이룬 일이 없어도 자신을 항상 존귀한 사람으로 사랑하고 존경하라. 자기 자신을 사랑하면 결코 악행을 저지르지 않고, 누구로부터 지탄받을 일을 하지 않게 된다. 그런 태도가 미래를 꿈꾸는 데 있어 가장 강력한 힘으로 작용한다는 사실을 절대로 잊어선 안 된다.

《이 사람을 보라》

―――― 1888년 출간. '이 사람을 보라 Ecce Homo'는 요한복음에 나오는 구절로, 로마 총독 빌라도가 예수를 가리키며 '이 사람을 보라'고 말한 데서 유래했다. 니체는 스스로를 예수와 대결하는 자로 상정하고, 정작 보아야 할 것은 예수가 아니라 니체 자신이라고 말한다. 니체 사상을 이해하는 필독서로 알려져 있다. 니체가 남긴 유명한 말 '아모르 파티 Amore Fati'가 〈이 사람을 보라〉에 나온다. '운명을 사랑하라'는 뜻의 이 말은 니체의 영원회귀 사상 마지막 결론에 해당한다.

어떤 행위를 할 때, 먼저 파악할 일들

어떤 사람은 한 번 내뱉은 말을 즉시 행동에 옮긴다. 그런 태도
는 결단력이 있거나 의지가 강한 사람으로 보여 매우 올바른 행
동인 것처럼 보인다.

그러나 한 번 생각해 보자. 한 번 뱉은 말을 단호하게 행동에 옮
기는 것이 완고하다는 뜻은 아닌지, 감정적인 행동이거나 그 사
람의 고집스러움은 아닌지, 그런 행동의 이면에 명예욕이나 허영
심이 도사리고 있는 것은 아닌지 의심해 볼 필요가 있다. 어떤
행위를 할 것인지 말 것인지는 보다 이성적인 관점에서 그 행위
가 바람직한지 여부를 파악한 뒤에 해야 한다.

《아침놀》

알고 있는 것과 소유하고 있는 것

남편의 사회적 지위가 자신의 것인 양 말하는 아내가 있다. 그녀는 아이들이 다니는 학교의 크기나 영리한 애완견, 멋진 정원수, 살고 있는 도시의 아름다운 풍광까지 모두 자신의 공덕인 것처럼 자랑한다. 그런가 하면 정치인이나 관료들은 자기가 살아가는 시대는 물론이고 지나간 역사마저 자신이 쥐고 흔든다는 듯이 말한다.

이렇게 많은 사람들이 자신이 알고 있는 것을 특별한 가치 있는 것처럼 으스대며 알고 있는 것을 자기가 소유하고 있는 것과 마찬가지라고 여긴다. 이런 식으로 그들은 사물이나 지식에 대해 말함으로써 자아와 소유욕이 얼마나 큰지 드러내고 있다.

《아침놀》

사랑받고자 하는 욕망은 오만이다

가장 큰 오만은 사랑받고자 하는 욕망이다. 거기에는 자신이 사랑받을 가치가 충분한 존재라는 강한 믿음이 내재되어 있다. 그런 사람은 자신이 다른 이들보다 높은 곳에 있는 특별한 존재라도 되는 듯이 여긴다. 그는 자신만은 특별하게 취급되어야 할 자격이 있다고 믿는 차별주의자이다.

《인간적인 너무나 인간적인》

너무 값싼 물건의 함정

너무 싼 값에 사들인 물건은 대부분 좋지 않게 사용된다. 물건에
대한 애착 없이, 쓰디쓴 기억과 함께 사용되기 때문이다. 너무 싸
게 산 물건은 이런 식으로 사람들에게 이중의 손해를 보게 한다.

《인간적인 너무나 인간적인》

재능이 없다면 지금부터 습득하라

나에겐 타고난 재능이 없다고 한탄하지 마라. 재능이 없다면 지금부터 그것을 배우고 익혀 나가면 된다.

《아침놀》

재미없는 사람, 재미있는 사람

두 사람이 어떤 문제를 놓고 대화를 나눌 때, 한 쪽은 재미없게 말하지만 다른 쪽은 재미있게 말한다. 이들의 차이는 화술 때문이 아니다. 재미없게 말하는 사람은 허세와 과장을 섞어 이야기를 전개한다. 이런 식의 표현은 듣는 사람의 흥미를 끌기 위해서지만 금세 그 안에 담긴 저열한 속내가 드러난다.

하지만 다른 쪽은 그 문제를 진지하고 성실하게 이야기하는데, 거기엔 그 어떤 약삭빠른 의도도 없다. 따라서 듣는 사람은 그의 진지함을 느끼고 상대의 관점을 이해하기 위해 상상력을 동원해서 들으려고 한다. 이런 사실은 저술 작업에도, 배우의 연기에도, 그리고 우리의 삶에도 통하는 이야기이다.

《선악의 저편》

젊은이들에게 가장 필요한 것은

젊은이들에게 필요한 것은 용기로, 용기만이 모든 가치를 낳는다. 새로운 세상과 새로운 사람은 용기 있는 자만이 손에 넣을 수 있다.

참고 견디고 나아간 후에 끝내 승리를 쟁취하는 자들은 언제나 용기 있는 사람들이었다. 젊은이들이여, 기운차게 나아가라. 다른 사람들이 두려워할 만하게 씩씩하게 나아가라.

《차라투스트라는 이렇게 말했다》

동물들이 인간을 바라보는 시선

동물들은 자기가 인간과 별로 다르지 않은 생명체라고 믿고 있을지 모른다. 그들은 인간이라는 나약한 존재에 대해 오히려 위태롭게 자주 선을 넘으며 울다 웃는, 불행하며 광기 가득한 가여운 짐승이라고 여기고 있을지 모른다.

《즐거운 학문》

자신을 있는 그대로 세상에 내보여라

있는 그대로 자기 자신을 세상에 내보이는 일, 거짓 없이 자신을 드러내는 일, 그리고 자신의 생각이나 감정을 있는 그대로 내보이는 일은 스스로에게 당당하고 추호의 거짓도 없는 것보다는 그리 어렵지 않다.

《생성의 무죄》

제일 먼저 자기 자신을 사랑하라

성경은 네 이웃을 사랑하라고 말한다. 그러나 그보다 먼저 자기 자신을 사랑해야 한다. 조금도 업신여기지 말고 자기 자신을 온전히 사랑해야 한다. 세상의 그 무엇보다도 먼저 자기 자신을 사랑해야 한다.

《차라투스트라는 이렇게 말했다》

자신의 가치관과 신념을 숨김없이 말하라

나의 가치관과 주장을 제대로 말하여라. 나의 신념을, 또는 나의 의지나 의욕을 분명하게, 부끄러워하지 말고, 조금도 숨김없이 말하여라. 겁쟁이들이나 비겁한 자, 매사에 무력한 자, 기회주의자, 남의 흉내만 내는 자, 자기의 본색을 감추려는 자, 자신의 생각이 애매모호한 자는 절대로 그런 일을 할 수 없기 때문이다.

《생성의 무죄》

다른 사람과 순조롭게 대화를 나누려면

다른 사람과 순조롭게 대화를 이어가려면 상대가 대답하기 쉬운 말로 해야 한다. 오래 생각하도록 만들거나 대답하기 어려운 질문은 상대를 곤란에 빠지게 한다. 사람은 자신이 대답하기 쉬운 이야기나 이미 알고 있는 사실만 귀에 들어오기 때문이다.

《즐거운 학문》

가치관은 어떻게 만들어지나?

사람이 어떤 가치를 중시하는지는 도덕이나 철학적인 문제가 아니라 일상적인 생활 속에서 결정된다. 그래서 생활이 달라지면 사람의 가치관도 달라질 수밖에 없다. 한 사람의 가치관은 확고하거나 고정된 것이 아니라 얼마든지 변할 수 있을 만큼 위태로운 것이다.

《생성의 무죄》

마음속의 비밀스런 라이벌

마음속에 항상 비밀스러운 경쟁 상대를 가져라. 마음 속 깊은 곳
에 그런 존재가 있으면 세상과 싸울 의지가 생기고 항상 긴장을
유지할 수 있다. 그 사람 덕분에 자신을 끈질기게 단련할 수 있으
며 자신의 현재 위치를 알 수가 있다. 하지만 그 사람이 누구인
지는 절대로 말하지 마라.

《즐거운 학문》

온 힘을 다해 최고의 인생을 살아라

항상 한자리에 머물러 있는 사람이 있다. 그는 무엇을 기다리고 있는 것일까? 어딘가에서 누군가 찾아오리라고 믿고 있는 것일까? 언제 찾아올지 모르는 행복을 기다리고 있는 것일까? 그렇게 기다리다 보면 누군가 나타나 기적처럼 현재의 고통에서 구원해 주기를 바라는 것일까? 어느 날 하늘에서 천사가 내려와 축복을 내려주기라도 하는 것일까?

그는 그러다가는 끝내 기다리기만 하는 인생을 살아야 할 것이다. 지금 그가 당장 해야 할 일은 다시 한 번 최선을 다해 새로운 인생을 살아가는 것이다. 지금 이 순간, 또는 다음 순간에도 그가 해야 할 일은 온 힘을 다해 최고의 인생을 살아내는 것이다.

《생성의 무죄》

가장 먼저 친절한 마음이 필요하다

사람과 사람 사이에 필요한 것은 친절한 마음이다. 친근한 표정과 누구에게도 친밀한 손길, 마음을 주고받는 교분, 배려심이 가득한 말투 같은 것들은 분명히 상대방을 기분을 좋게 하고 크고 작은 문제들을 해소하여 인간적인 친밀함과 신뢰관계를 구축한다.

일상의 모든 순간에 자리한 친절은 눈에 띄지는 않지만 분명 생활과 문화의 바탕이 된다. 친절한 마음은 매일 피는 작고 파란 꽃처럼 아름답다.

《인간적인 너무나 인간적인》

그대는 어떤 일에 책임지고 싶은가? 자신의 꿈에 책임질 수 없을 정도로 그대는 유약한가? 그대의 꿈 이상으로 그대 자신인 것도 없다. 꿈을 실현하는 일이야말로 그대가 가진 힘으로 이루어내야 한다.

@Nietzsche

Friedrich _____ Wilhelm _____

제 5 장

너의 꿈이
너 자신이다

문제를 받아들이고 전력을 다해 해결하라

우리는 살면서 꼭 해결해야 할 일들과 마주한다. 인간관계, 애착, 갈등, 이별, 상실, 변화, 해결해야 하는 일, 고생, 온 힘을 다해야 하는 일 등이 그것이다. 물론 이런 문제를 외면하거나 회피할 수는 있다. 그러나 할 수 있다면 모든 문제를 순순히 받아들이고 전력을 다해 해결하라. 그럴 때 그 모든 문제들은 온전히 내 것이 된다. 바로 이 같은 과정을 통해 전에는 너무 힘들어 보였던 문제가 생각보다 아주 가벼운 문제라는 것을 알게 된다.

《생성의 무죄》

누군가의 디딤돌로 살아갈 것인가?

항상 익숙한 일만 반복하는 사람이 있다. 그대가 항상 같은 자리에 머무는 사이에 누군가는 그대를 밟고 더 높은 것으로 올라간다. 그대는 누군가의 디딤돌이 되었을 뿐이다. 이처럼 누군가에게 밟히기만 하는 디딤돌로 살아갈 것인가? 그대가 처음부터 디딤돌이 되기를 바라지는 않았을 텐데 말이다.

《즐거운 학문》

대지의 모든 것을 적극적으로 품어라

천상의 것들은 신의 영역에 속하지만 대지의 것들은 인간이 적
극적으로 품어야 할 대상이다. 천상의 것들은 인간세계의 밖에
존재하지만 대지의 것들은 인간의 내부에 존재하기 때문이다.

《차라투스트라는 이렇게 말했다》

그대 안의 영웅을 외면하지 마라

그대의 영혼 속에 존재하는 영웅을 외면하지 마라. 더 높은 곳을 향한 꿈과 이상이 아주 오래 전 일이었다며 그리운 듯이 말하지도 마라.

살면서 어느 사이에 꿈과 이상을 버리게 되면, 그것을 말하는 사람을 비웃게 되고 시샘 때문에 마음이 어지러워진다. 그러면 발전하겠다는 의지나 자기 자신을 극복하겠다는 강고한 마음 또한 버려지게 된다.

《차라투스트라는 이렇게 말했다》

흔들림 없이 과감하게 나아가라

누구나 한 가지 능력은 가지고 있다. 그 능력은 온전히 그의 것이다. 그 같은 사실을 일찍 깨닫고 충분히 성장시켜 자기 분야에서 최고가 되는 사람도 있고, 자신의 능력을 깨닫지 못한 채 비루하게 살아가는 사람도 있다. 자신의 힘으로 그 능력을 찾아내는 사람도 있고, 자기의 능력이 무엇인지 세상의 반응을 보며 끝없이 찾으려는 사람도 있다.

분명한 사실은, 어떤 경우에도 겁먹지 않고 흔들림 없이 과감하고도 꾸준히 도전해 나가면 언젠가는 자기만의 능력을 깨닫게 된다는 것이다.

《인간적인 너무나 인간적인》

그대의 꿈이 그대 자신이다

그대는 어떤 일에 책임을 지고 싶은가? 자신이 꿈꾸는 일을 실현시키는 데 책임지는 것은 어떤가? 자신의 꿈에 책임질 수 없을 정도로 그대는 유약한가? 아니면 용기가 없는 것인가? 그대의 꿈이상으로 그대 자신인 것도 없다. 꿈을 실현하는 일이야말로 그대가 가진 힘으로 이루어내야 하는 것이다.

《아침놀》

자기 의지대로 생각하는 사람

진정으로 자유로워지고 싶다면 자신의 감정이 제멋대로 날뛰지 않도록 해야 한다. 감정을 제멋대로 풀어놓게 되면 감정에 자신이 휘둘리거나 감정이 이끄는 대로 몸과 마음이 흔들려 결국에는 자신을 자유롭지 못하게 만든다. 정신적으로 자유롭고 자기 의지대로 생각하는 사람은 이런 사실을 잘 알고 실천하고 있다.

《선악의 저편》

너무 어린 나이에 성공하면

너무 어린 나이에 성공하여 많은 사람의 칭찬을 듣게 되면, 그는 자만심에 빠져 차근차근 노력해 나가는 사람의 경험을 모르고 살게 된다. 더구나 성숙의 의미를 알지 못해서 성숙함에 이르기까지의 문화적 환경에서 완전히 멀어지게 된다.

다른 사람들은 시간이 흐르면서 차츰 성공을 거두고 자신의 일에 깊이를 더하는데, 그는 그러지 못하고 언제까지나 과거의 성공에 안주하며 평생 그것을 간판으로 삼으려고 한다.

《방랑자와 그 그림자》

성장에 따라 사랑하는 법을 달리한다

청년의 마음을 사로잡는 것은 신기하고 재미있고 색다른 것들이 대부분이다. 진짜인지 가짜인지에 대해서는 관심은 없다. 그러다 조금 더 성장하면 진짜와 가짜가 가진 저마다의 흥미로움을 알게 된다.

그러다 한층 더 성장하면 젊었을 때는 단순하거나 시시하다며 쳐다보지 않았던 진리의 깊이를 알고 사랑하게 된다. 외면적인 멋이나 기교는 없어도 진리의 깊이를 깨닫게 되기 때문이다. 사람을 이처럼 성장에 따라 사랑하는 법을 달리해 간다.

《인간적인 너무나 인간적인》

세상을 보는 관점을 바꾼다는 것

선이란 무엇이고, 악이란 무엇인가? 인간으로서의 윤리란 또 무엇인가? 이러한 정의는 시대에 따라 정반대 개념으로 받아들여지곤 했다. 고대에는 전통적인 관습에서 벗어난 자유로운 행동은 모두 죄악시했다. 개인적인 행동, 신분에서 벗어난 행위, 일탈, 예측불가능한 일이나 미래가 불분명한 것들은 모두 죄악이었다. 완전히 평범해 보이는 오늘날의 행동이나 사고도 고대의 눈에서는 죄악일 수 있다. 관점을 바꾼다는 것은 바로 이런 것이다.

단순히 상대나 상황을 상상하는 것이 관점을 변화시키는 것이 아니다. 오래 전 시대의 것들을 되새겨보는 것이 관점을 바꾸는 데 큰 도움이 된다.

《아침놀》

한 분야의 전문가가 되려면

한 분야의 전문가가 되려면 무엇보다 성급함, 복수심, 정욕 같은
것들을 극복해야 한다. 자기 자신 속에 있는 이런 요소들을 쫓아
내고 충분히 제어한 다음에 비로소 일에 전념해야 한다. 그게 아
니면 언젠가는 그런 요소들이 강물이 넘쳐흐르는 것처럼 마음
을 황폐하게 만들어 모든 것을 망치게 된다.

《방랑자와 그 그림자》

진정으로 독창적인 것

새롭고 독특한 것을 찾아내는 사람을 독창적이라고 부르지는 않는다. 낡은 것, 모든 사람이 이미 알고 있는 것이어서 진부하다고 생각되는 것, 많은 사람들이 가지고 있어 너무 쉽게 취급되는 것을 새로운 창조물인 것처럼 재검토하는 것을 독창적이라고 부른다.

《여러 가지 의견과 잠언》

나무들의 태도

소나무는 뭔가에 귀를 기울이며 소리를 들으려고 하는 것 같다.
전나무도 꼼짝도 않고 뭔가를 기다리고 있는 것 같다. 조바심내
지 않고, 큰소리치지도 않으며 단지 고요함 속에서 묵묵히 참고
견딜 뿐이다. 우리는 나무들의 태도를 배울 필요가 있다.

《방랑자와 그 그림자》

사람의 성격은 변한다

누구에게나 자기만의 성격이 있다. 그것은 사람마다의 특성이기에, 사람들은 그것이 아무리 시간이 지나도 변하지 않는다고 한다.

그러나 고작 수십 년밖에 안 되는 수명 중에서 매우 짧은 시간 동안 보여주는 성향이나 언행을 보고 그의 성격을 고정불변이라고 믿고 있을 뿐이다.

스스로를 돌아보면 이것을 금방 인정할 수 있다. 왜냐하면 그가 만나는 사람에 따라 다른 언행을 하고 있을 테니 말이다. 이렇듯이 사람의 성격은 누구를, 언제, 어떻게 만나느냐에 따라 변하게 마련이다.

《인간적인 너무나 인간적인》

새로운 나를 만나 자기극복을 시작하라

능력 있는 사람이 재능만 믿고 그것에만 의존한다면 딱 그 수준에 머물고 더 이상의 능력은 발휘하기 어렵다. 그러나 자기 안에 잠재된 미숙함이나 단점, 불완전함, 일종의 무책임함 같은 측면들을 직시한다면 지금까지와는 전혀 다른 새로운 자신을 만나 그것을 극복하기 위한 자기개혁을 착수하게 될 것이다.

《인간적인 너무나 인간적인》

침묵은 멸시의 다른 표현이다

두 사람 이상이 논쟁을 할 때, 모두에게 가장 불쾌감을 주는 방법은 화를 내고 침묵을 지키는 일이다. 왜냐하면 공격하는 사람 쪽에서는 침묵이 멸시의 다른 표시이기 때문이다.

《인간적인 너무나 인간적인》

타인을 구원하는 일은 생각보다 어렵다

사람들은 자기 자신도 구하지 못하는데 다른 사람들을 어떻게
구할 수 있겠느냐고 말한다. 달리 말해서 자신을 구할 수 있을
정도가 되어야 다른 사람을 구할 수 있다는 얘기이다.

얼핏 들으면 꽤 설득력 있는 말이지만, 과연 그럴까? 타인을 구원
하는 일은 생각보다 어렵다. 설령 내 손에 구원의 열쇠가 있다고
해도 상대의 자물쇠를 내가 가진 열쇠로 열 수 없다면 소용없기
때문이다.

《생성의 무죄》

있는 그대로 자신을 드러내는 일

있는 그대로의 나를 다른 사람들에게 숨김없이 드러내는 것, 나의 생각과 감정을 여과 없이 그대로 내보이는 것은 나 자신에게 당당하며 거짓이 없기보다는 그리 어렵지 않은 일이다.

《생성의 무죄》

고통이나 고난이 없다면 기쁨도 모른다

특별한 기쁨이나 감동을 느끼고 싶다면, 이때 필요한 것은 고통과 고난이다. 아무 고통이 없다면 기쁨의 맛은 절대 느낄 수 없고, 고통이나 고난이 없다면 애초에 기쁨이라는 감정을 느낄 수 없기 때문이다.

《아침놀》

확실한 일과 애매한 일의 차이

논리적이고 확실하게 설명할 수 있는 일과 어떤 설명에도 이해할
수 없이 애매모호한 일이 있다. 사람들은 흔히 알기 쉬운 전자는
외면하고 불분명한 후자를 중요하게 여긴다. 사람들은 자기 눈으
로 명료하게 볼 수 없는 것, 애매모호하고 불분명한 것을 더 중요
하게 여기고 있다.

《인간적인 너무나 인간적인》

미움의 진짜 이유

누군가를 미워한다고 호소하는 사람이 있다. 미워하는 이유를 하나하나 나열하며 사람들의 공감을 원한다. 그러나 그의 말에서는 단지 미워한다는 감정뿐, 마음으로부터의 이유는 공감하기 어렵다. 그가 열거한 미움의 이유는 싫어하는 감정에 하찮은 논리를 보탰을 뿐이다. 미움의 진짜 이유라기보다는 눈가림이나 자기변호에 지나지 않기 때문에 공감할 수가 없는 것이다.

《아침놀》

매번 현실에서 도망치기만 하면

고통에서 벗어나려고 할 때마다 매번 현실에서 도망치기만 하면 끝내 생명력을 상실하고 말 것이다. 사람은 견딜 수 없는 고통을 통해 자신의 능력을 극대화할 수 있는 방법을 깨닫는다.

고통과 고뇌만이 삶을 정상에 올려놓는 지름길이다. 그것은 암벽을 기어올라 기어이 정상에 오르는 사람과 같은 이야기이다.

《생성의 무죄》

사람들은 자신의 잘못된 행동에는 책임지면서 자신의 꿈에는 책임지려고 하지 않는다. 이것이 나의 꿈이라며 자신 있게 드러내야 한다. 자신의 꿈에 책임을 질 생각이 없다면 꿈은 절대 이루어지지 않는다.

@Nietzsche

Friedrich _____ Wilhelm _____

제 6 장

자신의 꿈에
책임을 져라

사람은 언제 부끄러움을 느끼나

사람은 자신이 부정한 것을 생각한다는 사실에는 부끄러워하지 않지만, 자신이 그런 생각을 하고 있다고 남들이 짐작하는 경우에는 부끄러움을 느낀다.

《인간적인 너무나 인간적인》

사고의 신진대사를 해야 한다

뱀이 허물을 벗지 못하면 끝내 죽고 말듯이 인간도 낡은 사고와 허물에 갇혀 있으면 안에서부터 썩기 시작해서 끝내 죽고 만다. 따라서 인간은 항상 새롭게 살아가기 위해 매일 사고의 신진대사를 해야 한다.

《아침놀》

원기둥처럼 살아라

그대는 원기둥을 닮기 위해 노력해야 한다. 원기둥은 높을수록 가늘어지고 아름다워지지만 내부는 더욱 굳세어져서 무엇이라도 짊어질 수 있게 된다.

《차라투스트라는 이렇게 말했다》

가짜 교사들의 가르침

가짜 교사들은 세상을 살아가는데 도움이 될 것 같은 처세적인 내용만 가르친다. 그러면 살아가는데 도움이 되기는 하겠지만 이런 교육은 손해만 부른다.

인간관계는 이렇게 하고 인맥은 이렇게 넓혀라 등등 그들이 가르치는 것은 하나같이 가치를 판단하는 기술에 관한 내용뿐이다.

가짜 교사들은 인간과 사물의 본질에 대해서는 결코 말하지 않는다.

《권력에의 의지》

―― 오늘날 크게 유행하고 있는 자기계발 작가들의 부실한 가르침을 크게 꾸짖는 말처럼 들린다. '할 수 있다고 생각하면 할 수 있다'와 같은 추상적인 구호나 성공이나 행복을 위한 기술적인 방법론들이 실제 현실에서 별로 도움이 되지 않는 것이 니체의 말을 증명하고 있다. 니체는 그런 맹목적인 구호나 내용 없는 담론보다는 인간과 사물의 본질을 더 깊이 파고들어야 한다고 가르치고 있다.

이미 손에 있는 것들은 변하지 않기에 질린다

어렵게 손에 넣을 수 있는 것들일수록 간절히 원하게 된다. 그러나 일단 자신의 소유가 되고 얼마의 시간이 흐르면 쓸데없는 것으로 느껴진다. 사물이든 인간이든 다 똑같다. 이미 손에 넣어 익숙해졌기에 싫증이 나는 것이지만, 사실은 자기 자신에게 싫증이 나 있는 것이다. 손에 넣은 것이 변하지 않기에 질린다.

다시 말해서 대상에 대한 자신의 마음이 변하지 않기에 흥미를 잃게 된다. 계속 성장하지 않는 사람일수록 쉽게 싫증을 느낀다. 그러나 끊임없이 성장하는 사람은 스스로 계속 변화하기에 똑같은 사물을 가지고 있어도 전혀 싫증이 나지 않는다.

《즐거운 학문》

인생을 최고로 여행하는 방법

어떤 사람은 미지의 대륙을 여행하며 단순히 일정을 소화하는 것으로 만족하거나 쇼핑을 즐기다 돌아온다. 여행지의 이국적인 경치에 취했다가 돌아보는 것에 만족하기도 하는 사람도 있고, 그곳에서의 관찰이나 경험을 자신의 삶이나 일에 적용하여 일상을 풍요롭게 만드는 사람도 있다.

그때그때의 견문과 경험을 단지 기념으로만 여기면 실제 인생은 정해진 일과만 단순히 반복될 뿐이다. 어떤 일이든 다시 시작되는 내일부터의 나날에 활용하여 자신을 변화시켜 나가는 것이야말로 인생을 최고로 여행하는 방법이다.

《방랑자와 그 그림자》

내일을 준비하는 최선의 방법

아무 일도 없는 평소와 같이 행동할 수 없다면, 그것은 그대가
지쳐 있다는 뜻이다. 지쳐 있을 때 우리는 한숨을 쉬거나 불평을
늘어놓고, 지난 일들을 후회하거나 자꾸 부정적인 생각에 빠져
허우적거리게 된다.

그러는 동안 우울감이 머릿속을 휘젓고 다녀, 마치 독을 마신 것
과 같이 된다. 몹시 피곤하다면 일단 휴식을 취하거나 잠을 자는
것이 최선이다. 그러고 나서 다시 의연하게 활동할 수 있도록 내
일을 준비하라.

《즐거운 학문》

자신의 꿈에 책임을 져라

사람들은 자신의 잘못된 행동에는 책임지려고 하면서 자신의 꿈에는 책임지려고 하지 않는다. 다른 누구의 것도 아닌 자기 자신의 꿈인데 말이다.

이것이 나의 꿈이라며 자신 있게 드러내야 하지 않겠는가? 용기가 없기 때문인가? 아니면 나약하기 때문인가? 자신의 꿈에 책임을 질 생각이 없다면 꿈은 절대 이루어지지 않을 것이다.

《아침놀》

사랑이란

사랑은 젊고 아름다운 사람을 사랑하여 소유하거나 어떻게든 자신의 소유로 만들어 자신의 영향력 아래 두는 것이 아니다. 사랑은 자신과 비슷한 상대를 찾아 삶의 애환을 나누는 것도 아니고, 자신을 사랑하는 사람을 마음으로 받아들이는 것도 아니다. 사랑이란 자신과 완전히 다른 삶을 살아가는 사람을 있는 그대로, 자기와는 반대의 감성을 가진 사람을 있는 그대로 맞아들여 함께 살아가는 것이다. 사랑을 통해 두 사람의 간극을 메우거나 한쪽을 나보다 작아지게 하는 게 아니라 두 사람 모두 존재하는 그대로 함께 기뻐하며 살아가는 것이다.

《방랑자와 그 그림자》

사랑에 빠진 사람의 시선이 향하는 곳

다른 사람의 눈에는 어떻게 저런 사람을 사랑할까 의아할 때가 있다. 특별히 훌륭한 부분이 있거나 외모가 뛰어난 것도 아니고 성격도 좋지 않은 것 같은데 하며 의아해한다.

그러나 사랑에 빠진 사람은 완전히 다른 면에 초점을 맞추고 있다. 그는 다른 이들에게는 전혀 보이지 않는, 그 사람만의 아름답고 고귀한 부분을 찾아내어 바라보고 있는 것이다.

《선악의 저편》

시간의 힘을 믿고 쉬지 않고 노력하라

재능이 뛰어난데도 자신의 일을 완성하지 못하는 사람이 있다. 그는 시간의 힘을 믿고 완성되기를 기다리지 않으면서도 손만 대면 무슨 일이라도 성공할 수 있다고 믿기에 모든 일을 어물쩍 끝내 버린다.

일은 성급하게 군다고 빨리 완성되는 게 아니라 차분하고 꾸준히 노력하는 것이 중요하다. 일을 제대로 끝내려면 그가 가진 재능보다는 시간의 힘을 믿으며 끊임없이 노력하는 기질이 결정적인 역할을 한다.

《방랑자와 그 그림자》

어떤 정신을 갖느냐에 따라

무슨 일에든 현명하게 생각하는 습관을 가지면 어느 사이에 그의 얼굴에 슬기로운 빛이 감돈다. 단순히 표정만이 아니라 얼굴 전체에서 그런 빛이 묻어나 다른 사람의 눈에는 그의 행동이나 태도에서 섬세함을 발견할 수 있게 된다. 이처럼 사람은 어떤 정신을 갖느냐에 따라 행동이 달라진다.

《인간적인 너무나 인간적인》

쉬지 말고 앞으로 나아가라

어디로 갈 것인가? 이 문제는 세상 어느 것보다 중요한 것이다. 인간으로서의 영예로움은 바로 거기에 있기 때문이다. 그대는 현재를 뛰어넘어 얼마나 높은 곳으로 향하려고 하는가? 어떤 길을 재촉해서 무엇을 만들어 나갈 것인가?

지난날에 얽매이거나 나보다 밑에 있는 사람들과 비교하면서 자신을 우월하게 생각하지 마라. 입으로만 꿈을 말할 뿐, 아무 노력도 없이 현재에 만족하며 주저앉지도 마라. 쉬지 말고 앞으로 나아가야 한다. 보다 높은 곳을 향해 나아가야 한다.

《차라투스트라는 이렇게 말했다》

우연은 없다

요행은 있을지 몰라도 우연은 없다. 적어도 승리하는 데 있어서
는, 승리자들 가운데 우연이라고 생각한 자는 단 한 사람도 없다.

《즐거운 지식》

이런 사람은 최대한 멀리하라

사람을 사귈 때는 부끄러움을 모르고 뻔뻔한 자를 멀리하라. 항상 침착하고 무슨 일에도 동요하지 않는 자도 멀리하라. 미리 머릿속에 다양한 다음 계획을 세워놓고도 그것을 감춰두고 있는 자도 멀리하라. 다른 사람을 원망하지 않는 자, 매사에 약삭빠른 자도 멀리해야 하고 옹졸한 자도 마찬가지이다.

이런 자들은 일을 하다가 귀찮은 문제나 다툼이 생기면 극단으로 치닫고 만다. 사소한 갈등이나 오해를 해결하거나 적당히 마무리하는 법을 그들은 알지 못한다. 누구를 증오하기 시작하면 그칠 줄을 모르고, 무조건 끝장낼 방법만 생각하는 사람들은 최대한 멀리하는 것이 상책이다.

《아침놀》

책을 쓴다는 것은

책을 쓴다는 것은 사람들에게 무엇을 가르치기 위한 게 아니다. 독자들보다 자신이 지적 우위에 있음을 과시하기 위한 것도 아니다. 책을 쓴다는 것은 자신을 극복했다는 증거와 같다. 낡은 자신을 뛰어넘어 새로운 사람으로 다시 태어났다는 증거이기도 하다. 책을 통해 자기 극복을 이루었다는 본보기를 보여줌으로써 누군가를 격려하고, 겸허하게 독자의 삶에 도움을 주려는 일종의 봉사이기도 하다.

《인간적인 너무나 인간적인》

우리가 독서를 해야 하는 이유

방대한 독서를 통해 깊고 넓은 사고를 하게 된 사람은 새로운 생각이나 사상, 새로운 의견을 만나도 별로 놀라거나 위화감을 느끼지 않는다.

그렇기는커녕 새로운 사상과 의견이 기존의 질서와 어울리도록 노력한다. 그리하여 마치 제각기 흩뿌려진 별들이 규칙성을 가진 별자리가 되듯이 새로운 사상과 의견은 더 명료하고 새로운 의미가 생기게 된다.

《인간적인 너무나 인간적인》

우리의 능력의 한계

우리는 우리가 가진 능력이 어느 정도인지 알지 못한다. 우리는 그것을 정복할 꿈을 품고 달려가지만, 그곳은 우리의 한계지점이 아니다.

우리의 능력은 상상하는 것 그 이상으로 크고 멀리 날아갈 수 있다. 꿈꾸는 것 이상의 세계를 넘어, 더 큰 동경의 대지보다 더 멀리 도달할 힘이 우리 안에 숨어 있다.

《생성의 무죄》

우리가 도덕을 지키는 이유

우리는 도덕을 지키기 위해 잘못된 행동이나 부정을 범하지 않는 것이 아니다. 다른 사람에게 꾸중을 듣거나 나중에 보복을 당하는 것이 두려워서도 아니다. 우리가 부정을 범하지 않는 진짜 이유는 마음의 평안과 행복에 금이 가지 않게 하기 위해서다.

우리는 잘 알고 있다. 자기가 범한 잘못이나 몇 번의 거짓말로 인해 마음에 어두운 그림자가 생기고 평안한 마음에 풍랑이 일고, 맑은 공기와 밝은 햇살마저 잃게 된다는 사실을 말이다.

《인간적인 너무나 인간적인》

모든 사람들에게 이해받으려 하지 마라

우리는 타인의 이해를 받고 싶어 하고 오해를 받는 것은 기피한다. 그러나 모든 사람에게 이해받기보다는 오해를 받는 편이 더 낫다고 말하는 사람도 있다.

하지만 모든 사람들에게 이해받는 것은 '네가 생각하는 것은 우리 모두 쉽게 생각할 수 있는 보통 수준일 뿐'이라는 비웃음을 사는 것에 지나지 않는다.

《생성의 무죄》

봉사와 희생이 더 높이 평가되는 이유

흔히 일에 대한 평가는 성과로 판단된다. 일한 사람이 그동안 흘린 땀이나 일을 이뤄낸 성과는 상관없이 결과에 따라 가치 판단을 하게 되는 것이다.

그러나 다른 사람을 보살피고 봉사하는 경우는 다르다. 이때의 평가는 성과 여부가 아니라 일한 사람의 성의가 중요시된다. 봉사와 희생을 실천한 사람의 노고와 지극한 정성이 더 크게 보일수록 높이 평가된다.

《인간적인 너무나 인간적인》

보통사람과 성공자의 차이

성공자들은 모든 일에 엄청난 능력이 있고, 생각과 행동이 매우 효율적이어서 무슨 일이든 남보다 뛰어난 결과가 나올 것처럼 보인다. 하지만 그들에겐 다른 사람들처럼 단점도 많다. 다만 그들은 자신의 단점을 아무도 보지 못하게 감추기보다는 그것을 강점의 다른 모습인 양 위장할 줄 안다.

그런 점에서 보면 그들은 매우 교활하다고 볼 수 있다. 이것이 가능한 이유는 다른 사람들이 자신의 약점을 알면서도 애써 외면하는 데 비해 성공자들은 자신의 부족한 면을 정확히 알고 정면으로 응시한다. 이것이 바로 보통사람과 성공자의 가장 큰 차이점이다.

《방랑자와 그 그림자》

인간은 언제나 껍질을 벗고 새로워지는 법, 그렇게 새로운 삶을 향해 나아간다. 따라서 스스로를 비판하는 행위, 타인의 비판에 귀를 여는 태도는 자신의 껍질을 벗는 것과 마찬가지로 매우 중요하다.

@Nietzsche

Friedrich ——————————————————————————— Wilhelm ——————————

제 7 장

자신의 껍질을
벗는다는 것

스스로 풍요로운 사람이 되어라

똑같은 일을 대해도 누구는 많은 것을 얻지만 어떤 사람은 한두 가지밖에 얻어내지 못한다. 사람들은 이를 두고 능력 차이라고 하는데, 사실은 우리가 어떤 대상으로부터 무엇을 얻어내는 게 아니라 그것에 의해 촉발된 자기 안의 무엇을 뽑아내는 것이다. 따라서 나를 풍요롭게 해줄 무엇을 찾지 말고 나 스스로가 풍요로운 사람이 되려고 노력해야 한다. 이것이 바로 자신의 능력을 높이는 최선의 방법이자 풍요한 삶을 이어나가는 지름길이다.

〈즐거운 학문〉

고철과 열쇠의 차이

탁월한 사람이 하찮은 사람들의 웃음거리와 조롱을 받으면서도
한 가지 '사상'을 몹시 존중하며 간직하는 이유는 하찮은 사람들
에게는 한 조각의 고철에 불과한 것이라도 그에게는 숨어 있는
보고를 여는 열쇠이기 때문이다.

《인간적인 너무나 인간적인》

한 번도 춤추지 않은 날은

한 번도 춤추지 않은 날은 잃어버린 날이라고 생각하라. 한 번의 큰 웃음도 불러오지 못하는 진리는 모두 가짜라고 불러라.

《차라투스트라는 이렇게 말했다》

그들이 삶이 지겹지 않은 이유

배우고 지식을 쌓고, 그것을 교양이나 지혜로 만들어 나가는 사람은 세상의 모든 것들이 이전보다 흥미로워지기 때문에 삶이 지겹지 않다.

그는 다른 사람들과 똑같은 것을 보고 들어도 교훈을 얻어내고 사고의 빈자리를 채우는 새로운 정보를 얻어낸다. 마침내 그의 삶은 더 많은 지식과 의미 있는 충만함으로 가득 찬다.

《인간적인 너무나 인간적인》

자신의 감각을 사랑하라

우리 몸의 감각이나 관능을 저질스럽고 부도덕한 것, 또는 우리의 의식이 개입되지 않는 단순한 뇌의 화학적 반응이라고 여기며 의식적으로 멀리하지 마라.

자신의 감각을 마음껏 사랑해야 한다. 인간은 신체의 감각과 관능을 예술로 승화시켜 문화를 만들어 왔다.

《권력에의 의지》

자신의 껍질을 벗는다는 것

예전에는 확실히 진실이라고 여겼던 것이 지금은 잘못된 것으로 생각될 때가 있다. 예전에는 자신의 확고한 신념이라고 여겼던 것들이 이제는 아닐지 모른다는 의심이 든다.

그때는 그런 변화가 자신이 너무 어려서, 또는 인간적 깊이가 부족해서, 그게 아니면 세상을 너무 몰라서라는 이유로 그냥 묻어두지 마라. 그 시절의 그대에게는 그것이 진리이자 신조였다. 인간은 언제나 껍질을 벗고 새로워지는 법, 그렇게 비로소 새로운 삶을 향해 나아가게 된다.

그렇기에 예전에는 필요했으나 지금 와서는 소용없어진 것이 되었다. 따라서 스스로를 비판하는 행위, 타인의 비판에 귀를 열어두는 태도는 자신의 껍질을 벗는 것과 마찬가지로 중요하다. 그것은 새로운 자신으로 태어나기 위한 탈바꿈이기 때문이다.

《즐거운 학문》

자신을 너무 가혹하게 몰아붙이지 마라

자신의 직업에 전념하면 잡념을 떨쳐낼 수 있다. 인생을 살면서 문득 우울감에 빠졌을 때 익숙한 일에 집중하면 현실이 주는 압박감이나 걱정, 불안에서 몇 걸음 물러나 있을 수 있다. 힘들면 도망쳐도 좋다.

끝없이 싸우며 고난을 겪어낸다고 해서 문제가 호전되는 것은 아니다. 자신을 너무 가혹하게 몰아붙이지 마라. 주어진 일에 전념함으로써 걱정에서 떨어져 있는 사이에 분명히 상황이 달라져 있을 것이다.

《인간적인 너무나 인간적인》

모든 이에게 예의를 지켜라

자신은 물론이고 친구들에게도 항상 성실하라. 적을 상대할 때
는 용기를 잃지 말고 패배한 자에게는 관용을 베풀며, 다른 모든
이들에게는 항상 예의를 지켜라.

《아침놀》

제대로 글을 쓰는 법

논리적이고 설득력 높은 글을 쓰기 위해 아무리 열심히 문장 기술을 배워도 그런 글을 쓰지는 못한다. 자신의 글에서 표현 방식이나 문장을 바꾸려면 기술이 아니라 자신의 머릿속부터 바꿔야 한다. 이것을 제대로 모르면 이해력이 부족해서 진실은 외면하고 자꾸 기술에 집착하게 된다.

《방랑자와 그 그림자》

두 사람이 진정으로 행복에 이르는 길

사랑한다면서 정욕에만 집착하는 것은 위험한 일이다. 진정한 운명인 사랑이 아니라 두 사람 사이에 욕구만이 뒤얽히기 때문이다. 사랑이란 조금씩 성장해 나가는 것, 무엇보다 먼저 정욕을 뛰어넘어야 한다.

정욕은 그 다음에 뒤따르는 것이 온당하다. 그럼으로써 두 사람은 보다 깊은 사랑을 함께 느낄 수 있다. 이것이 두 사람이 진정으로 행복에 이르는 길이다.

《선악의 저편》

가장 인간적인 행위는

모든 죄악은 사람을 모욕하는 것이다. 가장 인간적인 것은 누구에게도 창피를 안겨 주지 않는 것이다. 사람이 자유를 얻는다는 것은 어떻게 행동하든 자신에게 부끄럽지 않은 상태가 되는 것이다.

《즐거운 지식》

목적지에 이르는 가장 짧은 거리

수학에서는 가장 짧은 길은 출발 지점과 도착 지점을 직선으로 연결한 길이라고 말한다. 그러나 현실에서 가장 짧은 길은 꼭 그렇지만은 않다. 옛날 어부들은 '가장 적당한 때 불어오는 바람이 돛을 부풀게 하여 배를 이끄는 항로가 목적지에 이르는 가장 짧은 거리'라고 말했다.

그렇다. 이것이 실제로 일할 때 가장 널리 쓰이는 가장 짧은 길에 해당된다. 일은 처음엔 계획대로 되지 않다가 현실의 그 무엇이 돌연 먼 길을 짧게 단축시켜 준다. 그것이 무엇인지는 미리 알 수 없고, 현실에 발을 들이밀었을 때 비로소 알 수 있다.

《방랑자와 그 그림자》

가끔은 웅크리고 앉아 발아래를 바라보라

가끔은 등을 굽혀 자세를 낮추듯이 웅크리고 앉아 풀잎과 꽃들 사이를 오가는 나비를 지켜보라. 지금까지 먼 곳에 있는 것처럼 내려다보던 그곳에 풀잎과 꽃, 곤충들이 아우러져 살아가는 또 다른 세상이 존재한다. 아이들은 매일같이 당연한 눈으로 보고 있는 그런 세상이 펼쳐져 있다.

《방랑자와 그 그림자》

사람을 잘 다루는 비결

다른 사람을 잘 다루려면 무조건 거절하거나 부정하지 않아야
한다. 그런 사람은 인재의 밭을 풍요롭게 가꾸어 열매를 맺고 수
확하는 유능한 농부이기도 하다. 또한 인재를 키우는 밭에 비료
로 무엇을 주고, 어떻게 성장시키면 좋은지를 놀라운 혜안으로
파악하고 있다.

《방랑자와 그 그림자》

어떤 친구를 사귀어야 할까?

친구를 사귀고 싶다면 자기 일에 열심히 하는 사람이 좋다. 자기 일에 충실하고 책임을 다하는 사람은 건강한 인격자가 분명하다. 일을 좋아한다는 것은 일하는 요령이 뛰어나고 집중력이 높다는 뜻이다. 그런 사람이 주변의 신뢰를 얻는다.

이에 반해 자신의 일에 전념하지 않고 게으름을 피우는 사람은 좋은 친구로 삼지 마라. 매사에 큰소리만 치며 아무 일에나 손을 대보는 사람도 그렇다. 그런 사람은 자신의 망상을 진짜인 것처럼 소문을 떠들어대거나 다른 사람에 대한 험담을 늘어놓곤 한다.

《인간적인 너무나 인간적인》

긍정과 부정의 차이

여기 하나의 사실이 있고, 그 앞에 그대가 있다. 그대가 무슨 생각을 하느냐에 따라 그 사실은 가치와 색깔을 달리한다. 부정적으로 생각하면 상황이 악화되고, 그러면 상황을 개선하기 어렵다. 반대의 경우도 있다. 모든 일을 긍정적으로 본다면 모든 것은 다루기 쉬운 일이 된다.

《아침놀》

사람의 진면모가 드러나는 때

사람의 인격이나 모습을 있는 그대로 들여다보기는 어렵다. 그의 업무나 인간관계, 직위, 능력에 따라 그의 내면이 짙게 화장한 듯이 가려지기 때문이다. 사람의 진면모는 그의 업무나 지위, 능력이 바닥에 떨어졌을 때 비로소 어떤 사람인지 확연히 드러나게 된다.

《선악의 저편》

교활하고 비겁한 사람의 본질

교활하고 비겁한 사람은 대개 본질을 제대로 알 수 없는 사람으로 취급되지만, 어떤 사람들은 그를 이해할 수 없다는 것만으로 심오한 내면을 가진 사람으로 간주하곤 한다. 그러나 그들은 결코 그런 사람이 아니다. 그들은 항상 눈앞의 이익만 생각한다는 면에서 사실은 너무나 단순한 인간에 지나지 않는다.

《생성의 무죄》

언제 말해야 할까?

사람은 언제 말해야 할까? 더 이상은 침묵이 허용되지 않는 바로 그때 말해야 한다. 무엇을 말해야 할까? 자신의 손으로 직접 이뤄낸 것, 자신의 힘으로 극복해낸 일들만을 담담하게 말해야 한다.

《인간적인 너무나 인간적인》

감각이나 의식은 얼마든지 변화한다

캄캄한 어둠 속에서 보내는 시간과 빛이 가득한 곳에서 보내는
시간은 전혀 다르게 흘러간다. 이처럼 빛의 유무에 따라 우리의
감수성은 아주 큰 차이가 있다. 우리의 감각이나 의식은 다양한
요소와 상황에 따라 얼마든지 변화한다.

《생성의 무죄》

두 남자의 제각기 다른 한탄

어떤 남자들은 아내가 다른 사내와 눈이 맞아 달아난 것을 한탄한다. 더 많은 남자들은 다른 사내들이 자기 아내를 빼앗아가지 않는 것을 한탄한다.

《인간적인 너무나 인간적인》

현실을 제대로 살아가는 법

삶에 대한 고민은 나중에 휴가 때 하고 평소에는 자신의 일에 전념하라. 자신이 해야 할 일에 힘을 쏟고, 해결해야 할 문제와 열정적으로 씨름하라. 이것이 현실을 제대로 살아가는 방법이다.

《생성의 무죄》

결코 걸음을 멈추지 마라. 겨우 여기까지 왔다며 마음을 놓고 뒤를 돌아보지 마라. 아직 목표에 다다른 것이 아니니 누구의 발길도 닿지 않은 그 길을 계속 걸어라. 그대가 가야할 길은 아직도 멀기만 하다.

@Nietzsche

Friedrich ———————————————————————————— Wilhelm ————————

제 8 장

아직 끝나지 않았다.
계속 나아가라

내가 누군지 정확히 파악하라

자기 자신을 정확히 아는 것에서 시작하라. 자신에게 거짓을 말하지 말고 항상 성실해야 한다. 자기가 어떤 사람인지, 어떤 성격이며 어떻게 반응하는지 제대로 알아야 한다.

자신이 누구인지 모르면 사랑을 사랑으로 느낄 수 없다. 사랑하기 위해, 그리고 사랑받기 위해, 스스로를 정확히 아는 것에서 시작하라. 자신조차 알지 못하면서 상대를 알기란 불가능하다.

《아침놀》

—— 위 문장은 '너 자신을 알라'라는 말로 유명한 소크라테스를 떠올리게 한다. 소크라테스는 아테네에서 계속 자신의 철학을 설파하며 살아가던 끝에 결국 자신이 안다고 생각하는 것을 정말로 아는 사람은 없다는 걸 깨닫게 되고, '나는 내가 아무 것도 모른다는 걸 안다'는 말을 남겼다.

진정으로 독창적인 사람은

특별한 일을 통해 세상의 관심을 끌려는 사람은 독창적인 것이 아니라 그냥 주목받고 싶은 것이다. 진정으로 독창적인 사람은 다른 이들이 이미 보았지만 아직 그것이 뭔지 알아차리지 못해서 변변한 이름조차 없는 것을 제대로 알아보는 눈을 가지고 그것에 이름을 붙이는 사람이다.

새로운 이름이 주어지고, 그것이 존재한다는 사실을 세상이 받아들임으로써 비로소 새로운 세계의 일부가 탄생하는 것이다.

《즐거운 학문》

스스로에게 던지는 '왜?'라는 물음에

나 자신에게 던지는 '왜?'라는 물음에 분명히 답을 내놓을 수 있다면 그 다음은 아주 간단해진다. 어떻게 해야 할지 금방 알 수 있기 때문에 굳이 타인을 흉내 내며 살지 않아도 된다. 이미 나의 길이 명료하게 보이기 때문에 이제 남은 것은 그 길을 따라 계속 걸어가는 것뿐이다.

《우상의 황혼》

원인과 결과를 함부로 규정하지 마라

우리는 이러저러한 원인이 있어 이런 결과가 나왔다고 생각한다. 그러나 여기서 말하는 원인과 결과는 우리가 임의대로 이름붙인 것에 불과하다. 어떤 사물이나 현상도 우리가 그렇게 간단히 규명할 수 있을 만큼 단순하지 않다.

어떤 사실 하나만을 들어 원인과 결과로 규정하고, 그것에 어떤 연관성이 있다고 말하는 것은 어리석음에서 나온 것이다. 사물의 본질을 원인과 결과만으로 따지는 것은 인간의 오만이다. 대부분의 사람들이 그처럼 간주한다고 해서 정당한 것이라는 보장은 어디에도 없다.

《아침놀》

반성이나 관찰은 그 다음에 하라

다방면에서의 경험이 사람을 현명하게 한다. 따라서 살면서 겪는 일들이 모두 유익한 것은 아니어도 뭔가 체험하고 있을 때는 거기에 완전히 몰두해야 한다.

경험하는 일들을 도중에 관찰하고 분석하는 태도는 옳지 않다. 그러면 전체를 마음껏 차분하게 집중할 수 없다. 반성이나 관찰은 그 다음에 하는 것으로, 이때 비로소 새로운 지혜가 생기는 것이다.

《방랑자와 그 그림자》

좋은 인간성이 우러나오는 때

다른 사람을 이렇다 저렇다 함부로 판단하거나 평가하지 말 것,
다른 사람에 대한 소문은 아예 입에 담지 말 것, 그 사람은 이렇
다 저렇다 섣불리 규정하는 행위는 처음부터 하지 말 것, 그런
상상이나 생각도 하지 말 것, 이 같은 태도에 좋은 인간성이 우
러나온다.

《아침놀》

지금 이 순간밖에 없다

인생은 짧다. 해가 저무는 저녁 무렵 갑자기 죽어도 이상한 일이
아닐 만큼 짧기만 하다. 그렇다는 것은 우리가 뭔가를 착수하려
면 지금 이 순간밖에 없음을 말해준다. 제한된 시간 속에서 뭔
가를 하는 이상 불필요한 일들은 말끔하게 털어 버려야 한다.

무엇을 버릴지 고민하지 않아도 된다. 노랗게 물든 단풍잎이 저
절로 떨어지듯이 열심히 일하는 동안 불필요한 것들이 저절로
떨어져 나가게 된다. 그리하여 우리 몸은 한층 가벼워지고 목표
했던 높은 곳으로 한 걸음 성큼 나아가게 된다.

《즐거운 학문》

진정으로 자유로운 사람의 모습

사물을 남보다 자유로운 시선으로 바라보면서 자신의 능력과 개성을 한껏 발휘하려는 사람은 많은 이점을 얻는다. 우선 그는 무의식적으로 자신의 결점을 확대해서 보거나 악행을 저지르지 않는다. 그런 것들은 사물을 자유롭게 바라보는 데 방해가 된다는 사실을 알기 때문이다.

자신을 자유롭게 하는 일에 방해가 되는 분노나 혐오 같은 부정적인 감정도 그에겐 필요 없다. 진정으로 자유로운 사람이 유난히 활기차게 보이는 이유는 그의 정신과 마음이 그 자신처럼 자유롭기 때문이다.

《선악의 저편》

인간적 품성은 연출이 불가능하다

인간적 품성은 매우 중요하다. 사람은 그의 의견이나 생각에 동조하는 게 아니라 그의 됨됨이에 동의한다. 인간적 품성은 연출이 불가능한 것이다. 자신이 얼마나 훌륭한 사람인지를 아무리 목청껏 외쳐도 사람들은 신뢰하지 않는다. 오히려 사람들은 선행을 하고도 입을 다무는 사람을 더 신뢰하고 함께하려고 한다.

《즐거운 학문》

사랑은 배움의 길을 따라간다

처음 듣는 음악은 끝까지 듣는 인내심과 노력, 그리고 관용이 필요하다. 그럼으로써 점차 그 음악의 매력을 알아가고 친밀감이 생긴다. 그러다 그 음악이 가진 아름다움에 매료되고 그것을 사랑하게 되며, 이윽고 그 음악이 없어서는 안 되는 것이 된다.

사랑에 대해서도 똑같이 말할 수 있다. 처음의 낯설음에서 하루하루 사랑을 배우며 살게 된다. 자기의 일을 사랑하는 것도, 자신을 사랑하는 것도, 그리고 다른 사람을 사랑하는 일에도 모두 마찬가지이다. 사랑이란 이처럼 배움의 길을 가는 모습을 보여준다.

《즐거운 학문》

사실을 있는 그대로 전하면 된다

우리는 왜 상대를 헐뜯고 비난하는가? 상대에게 상처주기 위해
더 간단한 방법이 있다. 굳이 자신의 입을 더럽히며 큰소리칠 것
도 없다. 일체의 과장 없이 있는 그대로 사실을 말하면 그것으로
충분하다.

《생성의 무죄》

우리가 예술가들에게 적대감을 느끼는 이유

우리가 여러 예술가나 저술가에게 적대감을 느끼는 이유는 그들이 우리를 속였다는 것을 알아서가 아니다. 그들이 우리를 감쪽같이 속이는 일에 좀 더 세련된 방법이 필요하다고 생각하지 않기 때문이다.

《여러 가지 의견과 잠언》

이상을 향한 지름길을 찾아라

가슴에 이상을 품는 것만으로는 아직 부족하다. 먼저 이상을 향한 지름길을 찾아내야 한다. 그렇게 하지 않으면 자신의 행동이나 삶의 방식이 항상 그 자리에 머물러 있게 된다.

이상을 하늘의 별처럼 나와는 아무 상관없다는 듯이 바라보면서 자기의 길을 찾지 못하면 비참한 결과를 낳게 된다. 그런 사람은 최악의 경우 아예 이상이란 걸 품지 않은 사람보다 훨씬 더 비루하게 살게 된다.

《선악의 저편》

다양한 언어를 알고 있다는 것

사람은 자신의 언어로 생각을 표현한다. 생각의 폭과 깊이가 빈약하면 그가 가진 언어의 폭과 깊이가 빈약하다. 다양한 언어를 섭렵하고 있다는 것은 다양한 사고를 할 수 있다는 뜻이다.

다양한 사고를 하게 되면 남보다 더 깊고 넓게 통찰할 수 있고, 훨씬 폭넓은 가능성을 가질 수 있다. 이는 최고의 무기로, 다양한 언어를 알고 있다는 것은 인생을 훨씬 더 쉽게 살아갈 수 있는 힘이 된다.

《아침놀》

불쾌하지 않은 도덕을 행하라

흔히 말하는 도덕은 대개 '이런 일을 반드시 이렇게 해야 한다'
고 명령하는 식이다. 이런 명령조의 말투는 강제적인 압박에 방
점을 찍고 있어 불쾌감을 안겨 주고 심할 경우 반항심마저 갖게
만든다.

불쾌하지 않은 도덕은 무엇일까? 내면에서 자연스럽게 솟아나
는 도덕은 결코 불쾌하지 않다. 그것은 무엇을 반드시 해야 한다
고 명령하거나 절대적인 규범을 강제하지 않는다. 그때의 도덕은
'나는 이러저러한 것을 하고 싶다'는 자발적인 의사에서 나온 것
이다.

《생성의 무죄》

사람을 가르칠 때 유의해야 할 일

젊은이들을 가르칠 때, 자신과 전혀 다른 생각을 하는 사람보다 자신과 같은 생각을 하는 사람과 더 가깝게 지내라고 한다면 그들은 제멋대로 살아가는 불행한 인간이 되고 말 것이다.

같은 의미에서 무리지어 다니는 것, 누군가에게 의존하며 살아가는 것, 상대에게 맞추며 사는 것이 중요하다고 가르친다면 그는 곧바로 자기 자신을 잃어버리고 아무짝에도 쓸모없는 존재가 될 것이다.

《아침놀》

불쾌하지 않은 도덕을 행하라

세상에 대해 불만이라면 먼저 자신을 돌아보라. 만족하는가? 자기 자신에 만족하지 못하기에 세상이 만족스럽지 않은 것이다. 내면에 도사린 불만덩어리를 똑바로 보지 않기에 세상을 탓하고 남을 원망하면서도 자기는 책임이 없다고 핑계대고 싶은 것이다. 그런 식으로 살면 원망으로 가득한 인생일 수밖에 없다. 이제부터 불만은 그만두고 자기 안의 문제를 직시하라. 완벽하지 않아도 된다. 일단 자기만의 생각으로 대응하다 보면 어떻게든 문제는 해결된다. 그와 함께 세상에 대한 불만도 자연스레 사라진다.

《인간적인 너무나 인간적인》

사랑의 행위는 선악 너머에 있다

선과 악이 각각 무엇인지의 판단은 머리가 하는 일이다. 사랑은 머리가 아니라 몸이 하는 일이다. 사랑은 선악 이전의, 인간의 본래 감각에서 나오는 것이어서 사랑이 행하는 것은 선악의 울타리 안에서 판단할 수 없다. 모든 사랑의 행위는 선악 너머에 있기 때문이다.

《선악의 저편》

정원사처럼 살아라

능숙한 정원사는 숲을 헤치고 들어가 생태를 관찰하고 나뭇가지를 솎아내며 병든 나무를 베어낸다. 그렇게 바꾼 숲은 생기가 흐르고 풍성함이 가득하다. 정원사가 그러하듯이, 우리도 내면의 악의 기운에 모든 감각을 기울여야 한다.

악을 외면하거나 존재하지도 않는 것처럼 행동하지 말고 정면으로 마주하고 성심껏 다뤄야 한다. 자기 안에 도사린 악을 정면으로 대하는 것이 인간으로서 더 강건하게 성장하는 길이다.

《생성의 무죄》

멀리 떨어져서 바라보라

우리에겐 멀리 떨어져서 바라보는 눈이 필요하다. 가령 친한 사람과 멀리 떨어져서 그를 생각하면 함께 있을 때보다 한층 더 그립고 아름답게 느껴진다.

음악 또한 그렇다. 음악과 떨어져 있을 때 그것에 대해 더 큰 사랑과 그리움을 느끼게 된다. 이처럼 때로는 세상과 거리를 두고 멀리 떨어져 바라보면 많은 것들이 생각보다 더 소중하고 아름답다는 걸 알게 된다.

《아침놀》

우리가 미워하는 상대는

우리는 누군가 마음에 들지 않는다는 이유만으로 그를 무조건 미워하지 않는다. 아무리 싫은 사람도 그의 값을 매겨 본 후에 별 볼 일 없는 사람이라고 생각되면 아주 작은 혐오감도 느끼지 않는다.

너무 막강한 상대나 아무것도 아닌 상대, 처음부터 경멸을 느끼는 상대도 마찬가지이다. 미움의 대산이 되는 상대는 오직 자신과 수준이 비슷한 사람, 공통점이 많은 사람, 자기보다 조금 우위에 있다고 여겨지는 사람이다.

《선악의 저편》

아직 끝나지 않았다. 계속 나아가라

결코 걸음을 멈추지 마라. 겨우 여기까지 왔다며 마음을 놓고 뒤를 돌아보지도 마라. 앞으로, 또 앞으로 나아가야 한다. 그대 뒤에 아무도 없다고, 홀로 남았다며 두려워하지 마라.

그렇게 살았기에 여기까지 올 수 있었음을 잊지 마라. 아직 목표에 다다른 것이 아니다. 아직 끝나지도 않았다. 더 나아가라. 예전에 누구의 발걸음도 닿지 않은 그 길을 계속 걸어라. 사막은 아직도 멀기만 하다.

《아침놀》

니체^{Friedrich Nietzsche, 1844-1900} **연보**

1844. 5	독일 작센 지방의 소도시 뢰켄^{Röcken} 에서 루터교 목사의 아들로 태어났다.
1854	중등학교 입학. 이때부터 음악과 언어에 비범한 재능을 발휘해 교사들을 놀라게 했다.
1864	본^{Bonn}대학에서 신학과 고대철학을 공부하기 시작했다.
1867	《테오그니스 선집의 역사》 발표
1868	라이프치히^{Leipzig}대학에서 공부를 계속했다. 이 무렵 독일 철학자 아르투어 쇼펜하우어^{Arthur Schopenhauer}의 철학을 접하고 깊이 감동받았고, 오페라음악의 대가 리하르트 바그너^{Richard Wagner}를 만나 큰 감화를 받았다.
1869	스위스 바젤^{Basel} 대학 고전문헌학 교수로 취임했다.
1969	《호메루스와 고전문헌학》 발표. 라이프치히 대학교에서 시험과 논문 없이 그동안 발표한 저술만으로 박사학위를 받았다.

1870	《그리스 음악극》을 발표한 뒤, 1871년까지 프랑스-프로이센 전쟁에서 군의관으로 참여했다. 이 시기에 니체는 바그너가 점차 기독교적 도덕주의 모티브를 많이 이용하면서 점차 국수주의와 반유대주의에 빠지자 과감히 결별하고, 이후 격렬히 반대하는 입장을 취한다.
1870	《소크라테스와 비극》, 《플라톤의 대화 연구 입문》, 《비도덕적 의미의 진리와 거짓》 등을 연달아 발표하여 고전문헌학과 철학 분야에서 독보적 위치에 서다.
1872	《비극의 탄생》 출간
1873	《반시대적 고찰》 출간
1878	《인간적인 너무나 인간적인》 출간
1879	《여러 가지 의견과 잠언》 출간. 이 시기에 건강 악화로 바젤 대학 교수직을 사임하고 집필 작업에만 전념하기로 함.
1880	《방랑자와 그 그림자》 출간

1881	《아침놀》 출간
1882	《즐거운 학문》 출간. 이 무렵 독일의 작가이자 정신분석학자인 루 살로메(Lou Salomé, 1861~1937)에게 청혼했지만 거절당함.
1883	《생성의 무죄》 출간
1883-1885	《차라투스트라는 이렇게 말했다》 출간
1886	《선악의 저편》 출간
1887	《도덕의 계보학》 출간
1888	《이 사람을 보라》, 《바그너의 경우》 출간
1888	《우상의 황혼》 출간
1889	이탈리아 토리노에서 쓰러진 뒤 정신병원에 입원하여 생애의 마지막 10년을 보냈다. 그러면서도 집필 작업을 지속하여 《니체 대 바그너》를 출간했다.
1889-1895	《디오니소스 찬가》 출간.

1894	《안티크리스트》 출간. 원래는 1888년 저술했지만 1894년이 되어서야 니체의 여동생에 의해 여러 군데가 삭제된 상태로 출간되었다.
1900	이탈리아 토리노에서 거리를 산책하던 중에 갑자기 쓰러져 사망했다. 향년 56세.
1901	니체의 여동생과 니체의 친구가 운영하는 니체 문서보관서에서 《권력에의 의지》를 출간했으나 니체의 유고 몇 작품을 제외하고는 정식 출간물로 인정받지 못한다.

엮은이 **이삼수**

작가, 출판기획자. 다양한 인문서 기획과 편집 작업에 참여해 왔다. 그동안 니체 철학에 관심을 갖고 관련도서를 읽고, 만들면서 오랫동안 메모해 두었던 니체의 수많은 아포리즘 중에서 오늘을 사는 젊은 독자들에게 도움이 될 만한 문장만을 엄선하여 이 책을 엮었다.

죽을 것 같은 오늘 **니체를 만났다**

초판 1쇄 인쇄일 2023년 12월 10일
초판 1쇄 발행일 2023년 12월 15일

지은이	프리드리히 니체
엮은이	이삼수
발행인	양혜령
주간	이미숙
책임편집	김진아
책임디자인	최치영
책임마케팅	조명구
경영지원	이지연

발행처	홍익피앤씨
출판등록번호	제 2023-000044 호
출판등록	2023년 2월 23일
영업본부	경기도 고양시 백석동 1324 동문굿모닝타워 2차 927호
대표전화	02-323-0421
팩스	02-337-0569
메일	editor@hongikbooks.com

홍익P&C는 HONGIK Publication & Communication의 약자입니다.

ISBN   979-11-984262-3-9 (03190)